Lena Pöppelmann

&

Sandra Stöcker

HASHIMOTO

UND DIE ÄRZTE HIELTEN UNS FÜR VERRÜCKT

© 2019 Lena Pöppelmann, Sandra Stöcker

Autor: Lena Pöppelmann, Sandra Stöcker
Umschlaggestaltung, Illustration: Lena Pöppelmann, Nils Schepers
Verlag & Druck: tredition GmbH, Halenreie 40-44, 22359 Hamburg

ISBN Paperback: 978-3-7497-8291-8
ISBN Hardcover: 978-3-7497-8292-5
ISBN e-Book: 978-3-7497-8293-2

Bibliografische Information der Deutschen Nationalbibliothek: Die Deutsche Nationalbibliothek verzeichnet diese Publikation in der Deutschen Nationalbibliografie; detaillierte bibliografische Daten sind im Internet über http://dnb.dnb.de abrufbar.

Lena Pöppelmann ist 1998 in Münster geboren. Schon früh begann sie mit dem Schreiben von kurzen Texten, Geschichten und Gedichten. Mit 19 Jahren erkrankte sie schwer an der Schilddrüsenauto-immunerkrankung Hashimoto Thyreoiditis. Die vielen Fehldiagnosen und das Unwissen der Ärzte über diese Krankheit bewegten sie dazu, darüber zu schreiben und ihren langen Weg zur Diagnose zu veröffentlichen, in der Hoffnung, anderen Menschen mit dieser Erkrankung, bei dem sich die Schilddrüse zerstört, zu helfen.

Sandra Stöcker ist 1970 in Dülmen geboren. Erste Symptome der Krankheit Hashimoto Thyreoiditis zeigten sich bei ihr im Jahr 1992. Ihre Krankheit verlief lehrbuchgerecht, doch wurde sie erst über zwanzig Jahre später erkannt. Aus diesem Grund hat sie sich intensiv und ausgiebig informiert, bis Hashimoto kein Fremdwort mehr für sie war und sie ihren Körper verstand. Sie hat beschlossen, ein Buch zu schreiben, um den Weg aufzuzeigen, den man gehen muss. Und um das zu geben,was sie zu Beginn ihrer Krankheit gebraucht hätte.

Ein großer Dank gilt **Nils Schepers,** der den Schmetterling für das Buchcover ganz nach unseren Vorstellungen gestaltet hat!

Für alle Menschen

mit unentdecktem Hashimoto

HASHIMOTO

UND DIE ÄRZTE HIELTEN UNS FÜR VERRÜCKT

Hast du schon einmal daran gedacht, dass es Dinge gibt, die von jetzt auf gleich dein ganzes Leben verändern können? Dass du irgendwann fällst und keinen Halt findest? Dass dir, wenn es dir schlecht geht, niemand zuhört? Dass alle sagen, du seist verrückt? Hast du dir schon einmal vorgestellt, wie es ist, von jetzt auf gleich den Alltag nicht mehr bewerkstelligen zu können? Abhängig zu sein von anderen Menschen und von Tabletten? Tabletten, die dir niemand verschreiben möchte? Ich sage dir eines: Man fühlt sich alleine. Missverstanden und nicht ernst genommen. Ja, man hat sogar sehr negative Gedanken, spätestens dann, wenn sie dir sagen, du hättest sie. Wenn sie sich Diagnosen ausdenken, Dinge, die mit dir nicht stimmen. Psychische Dinge. Das macht einen fertig. Zumal man ja selbst meist nicht weiß, was mit einem passiert. Weshalb der eigene Körper nicht mehr gehorcht und die normalsten Dinge nicht mehr möglich sind. Ich wünsche jedem, der sich auch nur annähernd in einer solchen Situation befindet, einen Partner, der einen unterstützt, Rückhalt gibt und einem glaubt. Denn machen wir uns nichts vor: Es ist für beide Partner eine Last, wenn es einem nicht gut geht. Und jeder Mensch braucht eine Sandra. Jemanden, der einen so lange zu verschiedenen Ärzten schickt, bis man die Ursache gefunden hat, jemanden, der einem zur Seite steht und auch versteht. Der das alles schon einmal mitgemacht hat und am eigenen Leib erfuhr. Der einen ermutigt, nicht blind den Doktoren und Meds und wie sie sich alle schimpfen zu glauben, sondern sich selbst zu informieren. Sich schlau zu machen, und nicht „Ja" und „Amen" zu allem zu sagen. Es ist ein Unterschied, ob man sich krank redet, behauptet man hätte dies und das, oder sich ausführlich informiert und daraus Schlüsse zieht. Das musste auch ich erst verstehen. Die Angst, ich rede mich hier gerade künstlich krank war und ist noch immer sehr präsent auch wenn ich heute weiß, wie es um mich steht.

Es ist immer besser, auch sich selbst schlau zu machen. Über Symptome und Blutwerte, über die Zusammenhänge im Körper. Kennst du deine Blutwerte? Hast du sie dir jemals ausdrucken lassen? Ich bis damals nicht. Wozu auch? Weißt du, was alles in deiner Krankenakte steht, was dir vielleicht nie ein Arzt gesagt hat, weil er es vergessen hat oder gar für unwichtig hielt? Gibt es alles. Kennst du den Zusammenhang von TSH, fT4 und fT3? Solltest du!! Kennst du die aktuellen und empfohlenen Grenzwerte, dieser Hormone? Es sind nicht die, nach denen die meisten Labore noch messen. Es ist so unglaublich wichtig, dass du für deine Gesundheit kämpfst, wenn du weißt, dass der Status quo noch nicht die Lösung ist. Und wenn du am Ende bei fünfzehn oder zwanzig verschiedenen Ärzten warst und der einundzwanzigste die Lösung hat, dann hat es sich gelohnt.

Scheiße geht es einem sowieso, sonst würde man ja überhaupt nicht zum Arzt gehen. Und wenn es dann eben der Einundzwanzigste ist, dann ist das so. Genau darum war ich froh, Sandra zu haben. Sie hat mich immer wieder losgeschickt zu neuen Ärzten, neue Blutwerte machen, neue Dinge abklären und ausschließen. Sie hat mir viel Kraft gegeben. Bei ihr musste ich mich nie erklären. Dafür bin ich ihr unglaublich dankbar, denn ich weiß, dass ich ohne sie aufgegeben hätte. Und ich möchte nicht wissen wo, oder ob ich dann überhaupt noch wäre.

Weil meiner Meinung nach ein jeder Mensch eine Sandra braucht, habe ich mich hingesetzt und mit ihr angefangen zu schreiben. Alles, was ihr hier lest ist echt. Es sind unsere Erfahrungen und Erlebnisse. Keine wissenschaftlich korrekten und empirisch belege Ergebnisse von irgendwas. Wir sind keine Ärzte, können niemanden behandeln, aber vielleicht Mut machen und berichten, damit andere Menschen verstehen.

LENA

Mein Leben sah damals so aus: Ich war 19 Jahre jung und stand mitten im Leben. Ich hatte Ende des letzten Jahres mein Studium an einer angesehenen Universität angefangen und wollte später Lehrerin an einem Gymnasium werden. Die Eignungsprüfung für das Studienfach Musik hatte ich bestanden. Auch in meiner Freizeit machte ich viel Musik. Mit den Mädels aus Chor und Orchester bin ich zur Schule gegangen und wir lebten bis vor kurzem alle im selben Ort. Mein zweites Studienfach war Deutsch. Eine Leidenschaft, die ich wohl schon in der Grundschulzeit entwickelt habe und auch einer der Gründe, weshalb ich nun mein bisheriges Leben zu Papier bringe. Dass dies mein zweites Unterrichtsfach werden sollte, stand außer Frage. Meine besondere Faszination für deutsche Grammatik führte auf dem Gymnasium dazu, dass ich auch mal den ein oder anderen wichtigen Aufsatz, die Facharbeit oder später die

Bewerbung für Freunde Korrektur gelesen hatte. Ein total normales Leben also und während ich das hier schreibe, erscheint es mir zugleich fast langweilig, doch das hat sich ja noch geändert...

Seit wenigen Monaten lebte ich in einem schönen Dorf auf dem Land. Mein fester Freund und ich wohnten in einer kleinen Wohnung und hatten uns einen Hund zugelegt, da er mit Hunden aufgewachsen war. Weil er bereits ausgelernt war, war diese Wohnung auch finanziell gut zu stemmen. Der Auszug war ein sehr aufregender Punkt in meinem Leben. Es ist ein gutes Gefühl, auf eigenen Beinen zu stehen. Der Pendelweg in die Stadt war für mich kein Problem, das nahm ich in kauf, denn ich bin gefühlt mein ganzes Leben lang mit dem Bus in die Stadt zur Schule gependelt. Im Nachbardorf, nur fünf Minuten mit dem Auto entfernt, leben die Eltern meines Freundes. Nur wenige Fahrminuten weiter meine Eltern.

Neben dem Studium war natürlich Arbeiten angesagt. Ich hatte einen Job in der Nachtschicht bei der lokalen Zeitung. Einen Job, den ich wirklich sehr gern machte. Das frühe Aufstehen um 02:00 Uhr morgens war für mich kein Problem. Die Straßen sind angenehm leer um diese Zeit und zu sehen, wie der Dönerladen gegenüber immer um halb drei, wenn ich mich auf den Weg zur Arbeit machte, mit frischem Brot beliefert wurde, machte mich irgendwie zufrieden. Ich hatte das Gefühl, tatsächlich etwas für mein Geld zu tun und es mir zu verdienen.

Zur Nachtzeit sind die Menschen ganz anders. Es ist ruhig, jeder etwas für sich und man hat nie das Gefühl, etwas zu verpassen, da weder schönes Wetter ist, noch viel los ist. Ein Highlight war jedes Mal, wenn die Sonne aufging und die ersten Busse wieder fuhren. Das konnten wir aus der Halle sehen, in der wir arbeiteten, da sie direkt an der Hauptstraße lag. Wenn dann die Putzfrau kam, um für Sauberkeit zu sorgen, hieß es bald Feierabend. Auch das fühlte sich sehr skurril an. Üblicherweise fängt die Arbeit doch erst an, wenn die Putzfrau geht... Naja... Einer der Kollegen hatte manchmal zum Frühstück auf der Arbeit eine Pizza bei. Man stelle sich vor, er kam um 02:00 Uhr zur Firma und hatte sie sich bei dem letzten Pizzaladen der noch geöffnet hatte kurz vor Ladenschluss geholt. Natürlich durfte auch der Kaffee nicht fehlen. Ich war jedoch die einzige, die ihn sich selbst in einer Thermoskanne mitbrachte. Ich trank morgens Instant-Cappucchino, manchmal unterzuckerte ich sehr schnell und ohne Ankündigung und in dem Zeug ist ja bekanntlich fast nichts anderes als Zucker. Auch war ich bald dafür bekannt, dass ich mir jeden Morgen einen Grießpudding kochte und mitnahm. Mal mit Rosinen, mal Johannisbeeren oder Marmelade, was nicht jedem in der Firma appetitlich erschien. Doch so musste ich nicht regelmäßig feststellen, dass die Tankstelle gegenüber noch nicht geöffnet hatte, wenn der Hunger aufkam. Schließlich arbeiteten wir mitten in der Nacht. Und um diese Zeit tut jedes Gramm Zucker gut.

Nach der Arbeit (ich arbeitete immer von Donnerstag auf Freitag) ging ich üblicherweise noch bis 14:00 Uhr in die

Uni und war dann um drei am Mittag zuhause. Mein Dozent wusste bescheid, dass ich zuvor immer gearbeitet hatte und sah mir meine Arbeitskleidung nach. Die anstrengende körperlich Arbeit hinterließ Spuren. Nach etwa einem Vierteljahr hatte sich meine Arbeitshose von olivgrün zu dunkelbraun verfärbt von der ganzen Druckerschwärze, die an jeder Zeitung haftet. Etwa einmal im Monat brauchte ich neue Arbeitshandschuhe, da diese durchgescheuert waren. Ich arbeitete in der Rampenlogistik - bei uns kamen zu Bündeln verschnürte Zeitungspakete an, die wir auf Paletten stapelten und wegsortierten. Manchmal liefen 400 solcher mit Kabelbindern verschnürte Bündel in einer Viertelstunde über das Band. Doch in der richtigen Gesellschaft schafft man auch das. Auch als Frau! Dass ich danach allerdings definitiv eine Dusche und eine Portion Schlaf brauchte, ist denke ich nachvollziehbar. Der berühmte Power-Nap half tatsächlich. Wenn wir abends noch etwas vorhatten, schlief ich nur eine halbe Stunde, jedoch nie länger als zwei Stunden.

Heute denke ich mit sehr guten Gefühlen zurück an die Zeit bei der Zeitung. Wenn ich Samstags die Zeitung im Briefkasten habe, erinnere ich mich immer an die Arbeit damals und frage mich, wer wohl heute dort arbeitet und ob er sich dort auch so wohl fühlt wie ich damals. Ja, so simpel war mein Leben. Ohne große Sorgen, es lief einfach alles glatt.

SANDRA

Ich lernte Lena vor etwa vier Jahren kennen. Mein jüngster leiblicher Sohn stellte sie mir als seine Freundin vor. Die beiden hatten sich beim Tanzen kennengelernt. Nicht in der Disco, sondern in der Tanzschule beim Standardtanz. Lena war eine junge rebellische Künstlerin und voller Energie. Es gab nichts, dass sie nicht machte: Chor, Orchester, verschiedene Instrumente, Sport, Mittelalter... Eine ganz neue Welt für mich. Eine spannende Welt mit Schwung. Sie hatte Tempo im Leben. Meine Güte, davon hätte ich auch gerne nur ein bisschen gehabt... Ein bisschen dieser Energie, mit der sie ihr Leben meisterte und ausfüllte. Was ich mit einer solchen Energie alles angefangen hätte? Alles! Reisen, Shoppen gehen, ich wäre erfolgreich und eine Mutter, die ihren Kindern alles bieten könnte. Ja, solche Ziele hatte ich auch einmal. Träume und Hoffnungen von Dingen, wie jeder andere Mensch auch. Heute wünsche ich mir, einkaufen gehen zu können, irgendwann meine bereits ausgezogenen Kinder besuchen zu können, Unternehmungen zu machen... Dinge, die für den Durchschnittsbürger überhaupt kein Problem darstellen, erscheinen mir wie ein unüberwindbares Hindernis. Dieses Hindernis trägt einen Namen: Hashimoto Thyreoiditis. Krankheit? Ursache? Beides... Hashimoto ist eine Autoimmunerkrankung, bei der sich die Schilddrüse selbst angreift. Ursache für Ängste, die „paar Kilos" zu viel und für die Tatsache, dass der Wunsch, bei der Hochzeit meiner Kinder dabei zu sein wohl nur ein Wunsch bleiben wird. Doch diese Diagnose erhielt ich erst sehr spät. Viel zu spät...

Ich hatte eine wahre Odyssee durch alle möglichen Arztpraxen hinter mir und das hinterlässt Spuren. Ich muss so ungefähr vier Jahre alt gewesen sein, als es begann. Damals stand ich mit meiner Schwester gerade zum Zähneputzen am Waschbecken. Ich merkte, wie mir mit einem Mal speiübel wurde. Ich konnte urplötzlich keinen Muskel meines Körpers mehr bewegen. Ich hörte meine Schwester noch motzen, „Mensch, Sani, putz dir endlich die Zähne", bevor mir schwarz vor Augen wurde und ich mit dem Hinterkopf auf die Steinfliesen aufschlug. Das nächste, an das ich mich erinnern kann, ist meine Mutter, wie sie

16

mit einem Arzt an meinem Bett sitzt. Sie konnten sich nicht erklären, was mir passiert war. Nun folgte ein EEG auf das nächste. Es wurde alles gemacht. Blutwerte in allen Kombinationen und Varianten und was man sonst so im Krankenhaus alles machen kann. Wirklich etwas gefunden haben die Ärzte nicht. Die Begründung für meine Ohnmachtsanfälle, die nun häufiger auftraten, war wohl auch eher der Verzweiflung geschuldet, dem Kind einen Namen zu geben. Sie waren der Auffassung, dass mein Gehirn nicht in der Lage sei, so schnell zu arbeiten, wie mein Körper es verlange. Der Konflikt, der sich hieraus ergebe, sei der Grund für meine Bewusstlosigkeit. Naja... Man schickte meine Mutter und mich mit Tabletten nach Hause. Was für Tabletten das waren, weiß ich heute nicht mehr, aber für einige Zeit ging es mir tatsächlich besser.

LENA

Kontakt mit der Krankheit Hashimoto hatte ich bisher noch nie. Was ich wusste war, dass Janis Mutter daran erkrankt war, in der Folge einige Fehlgeburten hatte und nun arbeitsunfähig das Haus hütete. Doch über die Krankheit selbst habe ich kaum etwas gewusst. Die Schilddrüse arbeitete nicht richtig. Das war alles, was mir bekannt war. Und ich denke, dass das auch bei dem Großteil der Menschen so ist. Deshalb erzähle ich meine Geschichte. Ich hätte mir nie vorstellen können, dass so etwas mein ganzes Leben derart verändern kann. Und wenn ich mir die Statistiken der an einer Schilddrüsenunterfunktion erkrankten Menschen anschaue, dann frage ich mich jedes Mal, ob es ihnen gut geht, oder ob sie sich genau so durch das Leben quälen, wie ich es eine ganze Zeit lang getan habe. Hashimoto Thyreoiditis bedeutet, dass die Schilddrüse entzündet ist und sich daraufhin selbst zerstört, da der Körper das kranke

Gewebe zersetzt. Bei einer Thyreoiditis ist die Folge, dass die Schilddrüse den Körper nicht mehr versorgen kann und man eine Schilddrüsenunterfunktion bekommt. Die wenigsten Menschen spüren jedoch, wenn sich ein Stück des Organs zersetzt. Dummerweise gehöre ich zu dem kleinen Teil, der jedes Mal stark darauf reagiert, aber dazu später mehr.

Meine Geschichte beginnt an einem Freitagmorgen um 02:00 Uhr. Mein Wecker hat gerade geklingelt und ich stehe im Bademantel im Bad, um mich anzuziehen. Mir ist ein wenig flau im Magen, wie das zur Nachtzeit vermutlich nichts ungewöhnliches ist, doch innerhalb weniger Sekunden baut mein Kreislauf stetig ab. Nur einen Moment später beginne ich zu zittern. Es wird mit einem Schlag alles unwichtig. Ich konzentriere mich einzig und allein darauf, mich nicht zu übergeben. Mit weichen Knien halte ich mich am Waschbecken fest, denn es wird schwarz vor meinen Augen und ich öffne mit großer Anstrengung die Badezimmertür. Durch die Küche brauche ich nur wenige Schritte, doch es kommt mir vor wie eine Ewigkeit. Immer wieder schießt mir der Gedanke durch den Kopf, ich könnte es vielleicht nicht bis dort hin schaffen oder würde mich doch noch übergeben. Wegen meines anfälligen Kreislaufs hatten wir immer einige Schokoriegel in der Schublade unter dem Kühlschrank und genau danach griff ich jetzt.

Ich kniete auf dem Boden vor der Schublade, lehnte mich dann mit dem Rücken gegen den Schrank. Ich ließ die Schublade auf. Scheiß egal. Ich brauchte Zucker – alles andere war unwichtig. Ich weiß noch, dass wir damals Bountys hatten und davon aß ich ein Stückchen. Wer schon einmal ein Problem mit dem Kreislauf hatte, der weiß, dass der Zucker hilft, zu viel jedoch das Gegenteil bewirkt und den Magen sehr schnell umkrempelt. Mein flauer Magen hatte nicht mit Nahrung gerechnet und rebellierte stark. Mit weichen Knien wankte ich so schnell es ging zurück ins Bad. Als ich merkte, dass ich mich doch nicht übergeben musste, setzte ich mich auf die kalten Fliesen unter das Waschbecken. Schweiß lief mir über den Rücken. Ich hatte einfach zu weiche Knie und zitterte noch immer. 02:15 Uhr. Ich hatte noch eine

Viertelstunde, dann musste ich mich auf den Weg zur Arbeit machen. Krümel für Krümel versuchte ich, den Schokoriegel zu essen. Irgendwann hörte ich auf, mich selbst unter Druck zu setzen. Ich kapitulierte vor meinem Körper. Mit dem Handy schrieb ich in Zeitlupentempo meinem Chef, dass ich krank bin. Das war das erste Mal, dass ich nicht zur Arbeit gehen konnte. Und mich ärgerte es total, dass ich mich so spontan krankmeldete. Eigentlich war ich zuverlässig. Ich schloss die Augen. Von jetzt an aß ich den Bounty so langsam, dass ich mir sicher war, dass ich es vertrug. Über eine halbe Stunde aß ich zitternd an einem einzigen Bounty... Über eine halbe Stunde auf den Fliesen unter dem Waschbecken... Unvorstellbar... Danach kämpfte ich mich wieder ins Bett.

Dass ich zusammengebrochen war, war nicht das erste Mal in meinem Leben. Ich bin sehr aktiv, arbeite nachts und vielleicht sagte mir mein Körper so einfach mal „es reicht". So dachte ich bisher immer. Doch dieses Mal war es anders gewesen. Normalerweise reichte ein Schokoriegel und ich war spätestens zwei Minuten später wieder fit.

Allerdings machte ich nur unter Drängen meines Freundes und seiner Mutter einen Termin beim Diabetologen. (Ich bin kein Mensch, der bei jedem Husten direkt zum Arzt rennt.) Mein Blutzuckerspiegel sollte einmal kontrolliert werden. Vielleicht ergab es ja etwas. Vielleicht auch nicht. Wer weiß...

Dass ich kein Diabetes hatte, war so ein Gefühl. Mit meinen 63 kg auf 1,69 Meter war ich eigentlich nicht der Kandidat dafür, der diese Diagnose mit 19 Jahren gestellt bekommt. Aber es kann ja sein, dass es diesbezüglich noch andere Sachen gibt, die zur plötzlichen Unterzuckerung führen können. Ich ging also zum Arzt. Die Mutter meines Freundes, Sandra, hatte mir eingeschärft, mir in jedem Fall sämtliche Befunde und Werte schriftlich mitgeben zu lassen. Bei der Ärztin wurde ein Blutbild gemacht und der Blutzucker gemessen. Sie erklärte mir, wie ich mit den

Nadeln umging, um mir in den Finger zu pieksen. Ich kam mir vor wie ein schwerkranker Diabetiker. Das Ergebnis war allerdings optimal. Ich hielt das ganze für sinnlos. Also ging ich in der Woche darauf größtenteils erwartungslos zur Besprechung der Blutwerte. Mir ging es wieder gut, ich war fit und fühlte mich absolut gesund. Meinen Zusammenbruch hatte ich gut weggesteckt und im Nachhinein kam es mir lächerlich vor, dass ich mich wegen einer solchen Kleinigkeit krankgemeldet hatte. Das bestätigten auch die Blutwerte auf dem Zettel, den mir die Ärztin in die Hand drückte. „Sie sind top fit. Keine Anzeichen für Nährstoffmangel oder Diabetes irgendeiner Art." Was ich äußerst nett fand war, dass sie mir ein Blutzuckermessgerät mitgab, damit ich meinen Zucker auch selbst im Auge halten konnte und messen konnte, bei welchem Wert ich diese Symptome bekam. Ich kann mich noch gut daran erinnern, dass sie auf meine letzte Frage, was ich denn tun könne, damit ich nicht mehr unterzuckerte antwortete, ich solle einfach immer ein Stück Traubenzucker mitnehmen wenn ich aus dem Haus ging... Wow...

Auf dem Heimweg fragte ich mich dann, wie ich denn bitte meinen Blutzuckerspiegel messen sollte, wenn ich es doch schon nur mit Mühe zu den Schokoriegeln schaffte, um nicht komplett zusammenzubrechen. Sollte ich dann vorher das Gerät auspacken, mit zitternden Händen eine saubere Nadel einsetzen, um mich dann in den Finger zu pieksen? Anschließend in aller Ruhe einen Teststreifen aus dem Röhrchen nehmen und mit Blut betropft auslesen lassen? Wie sollte ich das im Ernstfall schaffen? Das war doch quatsch. Irgendwie fühlte ich mich verarscht und nicht richtig ernst genommen. Wieso kann man eine Unterzuckerung so schlecht erklären? Kann man das wirklich nicht verhindern? Oder ist das sogar normal und ich bin wegen nichts zum Arzt gerannt? Innerlich hatte ich das kleine Gerät schon im Schrank verstaut. So viel Energie wollte ich nicht für etwas opfern, das es womöglich gar nicht gab. Und eigentlich ging es mir ja auch gut. Selbst die Ärztin meinte, es sei alles okay, also wieso Sorgen machen?

Tatsächlich benutzte ich das Blutzuckermessgerät genau ein Mal. Morgens nach dem Aufwachen, aus Interesse. Danach verschwand es ganz hinten in der Kommode im Flur, wo es glaub ich auch immer noch liegt.

Am Wochenende besuchten wir die Familie meines Freundes und ich hatte die ausgedruckten Blutwerte dabei. Ich zeigte sie seiner Mutter und weiß noch, dass ich sagte, es ist alles gut, ich bin top fit. Wie es mir die Ärztin gesagt hatte. Auch wenn ich mich nicht immer ganz so super fühlte. Ihre Augen wurden immer größer und schließlich runzelte sie die Stirn und sagte zu mir: „Mit diesen Werten kannst du nicht mal Kinder bekommen." Ich sah sie verwirrt an und sie erklärte mir etwas: „Dein TSH-Wert ist zwar in der Norm, aber total schlecht. Würdest du Kinder bekommen wollen, wäre das so nicht möglich." Das machte die ganze Sache für mich nicht leichter zu verstehen und das merkte sie. „Hast du Haarausfall? Wenn du dich kämmst, oder unter der Dusche?" Das hatte ich schon ein bisschen. Aber das war bei langen Haaren ja nicht unnormal. Viele meiner Freundinnen, die auch lange Haare hatten, beklagten sich über viele Haare in der Bürste nach dem Kämmen. „Ein bisschen vielleicht", sagte ich also. Sie nickte. „Hast du trockene Haut? An den Beinen oder Armen so helle trockene Hautschuppen?" Das wusste ich nicht. So genau hatte ich mich noch nicht bewusst reflektiert. Ich krempelte die Beine meiner Jeans hoch bis zu den Knien und fuhr über meine Schienbeine. Als rau hätte ich es nicht bezeichnet und es wäre mir nicht aufgefallen, wenn ich nicht darauf geachtet hätte. Doch sie hatten diese helle trockene Maserung. Okay, zugegeben, ich hatte keine Babypopo - Haut, aber das war ja schließlich noch keine Diagnose für irgendwas und krankreden wollte ich mich auch nicht. „Fühlst du dich oft platt und energielos?" Ja. Das konnte ich ganz klar bejahen. Zwar schob ich es auf die neue Lebenssituation – ausgezogen, Studium begonnen, arbeiten - , aber verneinen konnte ich es definitiv nicht. „Bitte geh zu einem Endokrinologen und lasse neben dem TSH auch die restlichen Schilddrüsenwerte machen. Die freien Werte fT3 und fT4, sowie die Schilddrüsenantikörper im Blut. Einfach, um das abzuklären." Sie schrieb mir die Blutwerte auf einen Zettel.

Ich weiß nicht mehr genau, wie lange wir über dieses Thema sprachen, aber sie brauchte einige Zeit, bis sie mich überzeugt hatte, eine zweite Meinung einzuholen und die Blutwerte zu komplettieren. Ich überlegte danach sehr lange hin und her. Ich wollte mir nicht einreden lassen, krank zu sein und diese „Symptome" die Sandra an mir gesehen hatte, hatte doch jeder Zweite. Ein bisschen trockene Haut – na und? Haarausfall – okay, passiert. Abgeschlagenheit – schließlich gehören wir zur arbeitenden Bevölkerung. Dann ist man natürlich mal müde, kaputt und kraftlos. Dennoch machte ich mir einen Termin bei einem Endokrinologen, der auch Diabetologe war, in der Stadt. Mit dem Bewusstsein, eine Schilddrüsenerkrankung auszuschließen und meinem Unterzuckerungsproblem auf den Grund zu gehen. Schließlich konnte eine zweite Meinung ja nicht schaden und der Rat, immer ein Stück Traubenzucker einzustecken, erscheint bei genauerer Überlegung doch etwas planlos.

Die Praxis lag in der Nähe des Bahnhofs und ich hatte direkt morgens einen Termin. Doch denk mal nicht, dass ich auch schnell dran kam. Im Wartebereich, der eigentlich ein kleiner Flur war, auf dem nicht genug Stühle standen, saß bereits ein geschätzt 14-jähriger Junge, der vermutlich mindestens dreißig Kilo zu viel auf die Waage brachte. Ich fühlte mich sehr unwohl. Seine Mutter, die ihn begleitete, war augenscheinlich vom selben Kaliber. Er in sein Handy-Spiel versunken und Sie in eine dieser Zeitungen, die immer in Wartezimmern liegen, schielte ich verstohlen zu ihnen rüber. Sie erfüllten genau das Klischee des Diabetikers. Ich fühlte mich klein und irgendwie verloren. Fehl am Platz. Absolut im falschen Film. Eigentlich wollte ich nur kurz mit dem Arzt sprechen und dann wieder gehen und nicht wieder kommen.

Im Sprechzimmer saß ich einem älteren Mann gegenüber, der sich mir freundlich vorstellte, aber nicht sonderlich gesprächig war. Ich erzählte ihm von meinem Befinden und der Vermutung, dass ich ein Problem mit meinem Zuckerhaushalt hatte. Er eröffnete mir, dass es sehr ungewöhnlich war, dass jemand wegen UNTER-zuckerung zu ihm kam, das wolle er sich einmal ansehen. Ich bat ihn auch, meine Schilddrüsenwerte und Antikörper mitzumachen, da ein Verdacht bestehe. Als er mich nach einer kurzen Anamnese ins Labor schickte. Die Arzthelferin im Labor sollte verschiedene Sachen Testen. Nährstoffe und Hormone. Ich musste eine Zuckerlösung zu mir nehmen, und dann wurde halbstündig mein Zucker gemessen. Ich wurde gewogen und verbrachte viel Zeit in der Praxis.

SANDRA

In der Grundschule litt ich sehr oft unter starker Übelkeit. Ich saß im Unterricht und von jetzt auf gleich ging es mir schlecht. Anfangs schickten mich die Lehrer noch in Begleitung nach Hause, aber langfristig, denke ich, glaubten sie mir nicht mehr, hielten mich für faul und ich musste im Sanitätsraum auf der Liege dem Schulende entgegensehen. Wie ich mich dort fühlte, muss ich wohl nicht betonen.

Meine Eltern glaubten mir als Tochter mein Befinden durchaus und waren krank vor Sorge. Regelmäßig kam ich ins Krankenhaus, wurde mit Infusionen, Magen-Darm-Spiegelungen (damals noch ohne Narkose) und diversen anderen Untersuchungen gequält. Für ein neunjähriges Kind war das eine echte Qual, zumal es damals im Krankenhaus noch Besuchszeiten gab und ich mich dort oft vor Heimweh in den Schlaf geweint habe. Tagsüber, abgesehen von den Untersuchungen, fand ich es allerdings besser als Schule. Meine Eltern brachten mir netterweise immer Geschenke mit, das war irgendwie wie Geburtstag und die Schwestern hatten damals noch Zeit und spielten mit mir, schenkten mir Aufmerksamkeit. Das war schon irgendwie cool.

Es kam auch schon mal vor, dass die Ärzte dachten, ich hätte einen ernsthaften Virus und legten mich auf eine isolierte Station. Das heißt, das ich ganz allein in einem großen Zimmer lag und Schwestern und Ärzte nur vermummt zu mir reinkamen. Das war doch sehr verängstigend. Ich habe in der Zeit viel geweint, weil ich mich sehr einsam gefühlt habe. Meine Eltern standen an der Glasscheibe und winkten mir von dort aus zu.

Ich weiß nicht mehr, wie viele Tränen mich dieser Aufenthalt gekostet hatte, es waren eine Menge. Die Diagnose die sich dann nach einem halben Jahr herausstellte war, dass ich angeblich eine Eiweißallergie hatte. Von nun an durfte ich nichts mehr essen, wo Eiweiß drin war. Kein Brot oder Brötchen, und auch keine Süßigkeiten. Und das im Alter von mittlerweile zehn Jahren. Weihnachten oder Geburtstag ohne Süßigkeiten war schon irgendwie komisch, aber ich gewöhnte mich recht schnell daran, *doch die Übelkeit, die blieb. Da sich ja an den Symptomen wirklich nichts veränderte, meinte der Arzt dann, dass es das vielleicht doch nicht sein könnte und ich durfte wieder Eiweiß essen. Zur Feier des Tages kaufte meine Mama mir eine riesengroße Tafel Schokolade. Das war natürlich das Highlight meines Lebens. Eine riesengroße Tafel für mich ganz alleine, zum Neid meiner großen Schwester...Yammi..*

LENA

Ich musste lange darauf warten, dass ich einen Termin beim Diabetologen bekam, um die Werte zu besprechen. In dieser Wartezeit passierte wieder etwas unheimliches. Es war Freitag, ich kam von der Arbeit und hatte mich hingelegt. Ich war müde und schlief meine zwei Stunden. Als der Wecker klingelte, machte ich ihn aus, drehte mich um und schlief weiter. Irgendwann abends, wurde ich dann von alleine wach. Ich fühlte mich matt, unausgeschlafen und irgendwie durcheinander. Im Wohnzimmer saß mein Freund. Er drehte sich zu mir um. „Du hast aber lange geschlafen." Ich setzte mich bei ihm auf den Schoß und lehnte meinen Kopf an seine Schulter. Ich mochte nicht sprechen, fühlte mich erschlagen. Ich ging, ohne ein Wort zu sagen, ziemlich planlos durch die Wohnung. Wir aßen zu abend und ich ging früh ins Bett. Am nächsten Morgen wollte ich um elf meine Cousine besuchen. So hatten wir das vereinbart...

Daraus wurde nichts. Um halb zwölf mittags wachte ich auf. Eigentlich hatte ich eine innere Uhr, die mich allerspätestens um neun aufstehen ließ. Mein Freund war schon wach, hatte schon gefrühstückt und ich hatte nichts davon mitbekommen. Es dauerte wohl so fünf Minuten, bis ich nicht wieder in einen Dämmerzustand zurück fiel und die Augen offen halten konnte. Die Verabredung hatte ich ja quasi schon verschlafen und ich fühlte mich auch nicht in der Lage, sie noch wahrzunehmen, also sagte ich kurzfristig ab. Zumal ich ja eh schon viel zu spät war.

Im Bademantel ging ich in die Küche, hatte keine Lust, mich anzuziehen. Noch immer müde, beziehungsweise nicht ganz wach machte ich mir ein Müsli. Danach blieb ich lange am Küchentisch sitzen. Ich konnte keinen Gedanken wirklich fassen, fühlte mich, als wäre alles in Watte gepackt. Vom Küchentisch setze ich mich irgendwann auf die Couch. Ich saß einfach da, wollte etwas tun, wusste nicht was und alles was mir in den Sinn kam, löste ein Keine-Lust-Gefühl in mir aus. Nach etwa zwei Stunden auf der Couch sitzen, mürrisch durchs Wohnzimmer gehen und wieder auf der Couch enden, ging ich meinem Freund derart auf die Nerven, dass er mir sagte, wenn ich nichts mit mir anfangen könne, dann solle ich versuchen mich auszuschlafen. Eigentlich wollte ich den Samstag nicht verschlafen, doch da ich ja sowieso nichts besseres wusste, legte ich mich wieder hin. Einen Mittagsschlaf, mehr wollte ich nicht machen.

Als ich dann abends um sechs aufwachte, wusste ich nicht so recht, was los war. Ich fühlte mich noch genau so beschissen müde, wie am Morgen. Eigentlich sogar genau so erschlagen wie nach der Nachtschicht. Als hätte ich seit Donnerstag nicht mehr geschlafen. Ich konnte noch immer nichts mit mir anfangen, wurde motzig und unzufrieden mit mir selbst. Ich fühlte mich schlecht. Weil ich normalerweise anders war. Das gesamte Wochenende war für mich gelaufen. In der folgenden Woche war ich sehr müde. Ich schaffte es nur mit Mühe, aus dem Bett zu kommen und zur Uni zu gehen. Die Orchesterprobe abends kam mir vor, als wäre sie mitten in der Nacht. Als würde ich etwas ausbrüten. Eine schlimme Grippe oder so. Doch so sehr ich mich auch schonte, es ging nicht weg sondern wurde immer Schlimmer.

Freitag nach der Arbeit. Ich hatte mich hingelegt und meinen Freund gebeten, mich nach etwa zwei Stunden zu wecken. Als ich die Augen öffnete kniete er besorgt an meinem Bett. Ich sah ihn an, gähnte und ließ mich zurück ins Kissen sinken. „Lena, wach auf." Er sah mich mit einem ganz seltsamen Blick an. Ich driftete immer wieder zurück in einen Halbschlaf und konnte ihn nicht so ganz fassen. Irgendwann schaffte ich es, dass ich aufrecht im Bett saß. Doch die Augen fielen mir immer wieder zu und ich dann zur Seite auf das Bett. Er hielt mich fest, nachdem ich ein weiteres Mal auf meine Bettdecke gefallen war. Ich fühlte mich, als würde er mich mitten in der Nacht wecken. „Bist du jetzt wach?" Ich gab nur ein „Mhmm" als Antwort, das wohl nicht so wirklich danach klang. „Versprichst du mir, dass du jetzt wach bleibst?" Noch immer hatte er einen sehr besorgten Ausdruck im Gesicht. Ich nickte, wobei mir wieder die Lider schwer wurden. Wieso sollte ich ihm sowas versprechen? Den

Unterton in seiner Stimme nahm ich überhaupt nicht wahr, doch ich war auch viel zu müde, um mich damit zu befassen. Eigentlich wollte ich weiterschlafen. „Ich versuche seit fünf Stunden, dich wach zu bekommen, Lena." Ich sah ihn verständnislos an. In meinem Dämmerzustand fiel mir erst jetzt auf, dass es draußen bereits dunkel geworden war. „Wie spät ist es?", fragte ich. „Wir haben es fast acht. Du hast jedes Mal die Augen auf gemacht und bist aber nicht wach geworden. Alle halbe Stunde habe ich es versucht. Ich habe langsam Angst bekommen." Ich spürte, wie sich der Stress bei ihm legte und sich Erleichterung breit machte. Er nahm mich in den Arm. Von seinen vielen Versuchen, mich zu wecken, hatte ich nichts mitbekommen. Dieser Gedanke macht mir im Nachhinein noch immer Angst.

In den nächsten Wochen wurde mein Schlafbedarf noch größer. Ich schaffte es irgendwann nicht mehr, pünktlich zur Uni zu kommen. Wenn ich dann da war ging ich bereits nach dem zweiten Seminar nach Hause, weil ich mich nicht länger wach halten konnte. Ich schlief auf dem Heimweg im

Bus. Die Küche, um die ich mich morgens eigentlich kümmerte, sah aus wie sau. Ich schaffte es nicht mehr, sie ordentlich zu halten. Alles schob ich auf, die Runden mit dem Hund wurden immer kürzer und es waren auch irgendwann die einzigen Momente, zu denen ich das Haus verließ.

Ich hatte inzwischen die Werte vom Endokrinologen erhalten: Augenscheinlich top, doch die Symptome einer Schilddrüsenunterfunktion wurden deutlicher. Nicht nur trockene Haut und Haarausfall. Ich hatte einen extremen Schlafbedarf, mein Lustempfinden war auf einen Nullpunkt gefallen. Sex? Fehlanzeige. Nicht mit mir. Jetzt, im Nachhinein weiß ich, dass mein Körper die dafür notwendigen Hormone nicht mehr produzieren konnte. Er verfiel langsam in einen Überlebensmodus, in dem selbst die Fortpflanzung hinten an gestellt wurde. Doch wie erklärt man dem Partner, dass man einfach keine Lust mehr verspürt? Niemand fühlt sich dann noch richtig geliebt. Ich bin sehr froh, dass Janis und ich offen darüber reden konnten. Ich wollte ja, so war es nicht, es ging nur einfach nicht. Und wenn es dann doch mal möglich war, änderte es sich von jetzt auf gleich innerhalb von Sekunden. Erst waren die Lustgefühle da und dann mit einem Schlag wieder weg. Scheußlich...

Ich konnte mich kaum auf irgendetwas konzentrieren. Immer wieder hatte ich das Gefühl, in ein Loch zu fallen, meine Umwelt nicht richtig wahrnehmen zu können und fragte mich ständig, was besser ist. Schlafen, um nicht zu spüren, wie beschissen es mir geht, oder wach sein, um nicht schlafen zu müssen und Angst zu haben, das Leben zu verpassen. Dieses Leben war einfach kein Leben mehr, es war ein Dahinvegetieren...

SANDRA

Die nächsten Jahre hatte ich keine Symptome mehr. Es ging mir richtig gut. Erst, als ich anfing, meine Periode zu bekommen, kamen gesundheitliche Probleme zurück.

Ich glaube ich war so 13 Jahre alt. Während der Periode hatte ich wahnsinnige Schmerzen in den Oberschenkeln, sie waren kaum auszuhalten. Krämpfe und ziehende Schmerzen. Ich hätte mir am liebsten die Beine abgeschnitten, so weh tat es. Mir passierte es auch öfter mal, dass ich vor Schmerzen ohnmächtig geworden war. Ein Besuch beim Gynäkologen brachte mir ein, dass ich ab jetzt regelmäßig Schmerztabletten nehmen musste, um diese krampfartigen Schmerzen ertragen zu können. Er meinte, dass manche Frauen eben Unterleibsschmerzen hätten und das bei mir in die Oberschenkel zieht. Da helfen eben nur Schmerzmittel. Als ich dann mit 17 die Pille verschrieben bekam, hörten die Krämpfe endlich auf und ich konnte die Tabletten absetzten. Juhu, ein Lichtblick.

In dieser Zeit hatte ich dafür allerdings regelmäßig Durchfälle. Von jetzt auf gleich bekam ich krampfartige Darmentleerungen. Mindestens einmal im Monat, bevorzugt Nachts. Oft hatte ich dabei solche Kreislaufprobleme, dass ich auf den kalten Fliesen lag, Fenster weit auf, um möglichst viel Luft zu bekommen und mit dem Gedanken, wie ich es jemals wieder hoch auf die Toilette schaffen sollte.

Auch hier wurde ich wieder auf den Kopf gestellt, aber niemand konnte etwas finden. Ich nehme heute an, dass das schon ein Anfang von Hashimoto war, denn das Immunsystem sitzt ja auch im Darm. Und das funktioniert bei Hashi ja leider nicht mehr normal. Das ist schon eine enorme Einschränkung im Leben, da es natürlich später auch gern zu den unmöglichsten Zeiten auftrat. In der Disko, beim Shopping, beim Date. Richtig blöd ist es nur, wenn du als Friseurin arbeitest und plötzlich merkst du, wie dein Darm es nicht ganz so toll findet, wenn du der Dame vor dir die Haare föhnst und zack – musst du deine Arbeit abbrechen und verbringst erstmal zwei Stunden auf der Toilette. Übrigens, meine damalige Chefin fand das auch nicht so toll von mir und ich durfte mir dann auch noch Vorhaltungen anhören. Das half meiner Psyche natürlich nicht so sehr und ich hatte jedesmal ein schlechtes Gewissen zu meinen Bauchschmerzen. SUPER!! Aber ich musste lernen, mich damit zu arrangieren.

Die Zeit im Salon war für mich sowieso die schlimmste Zeit in meinem Leben. Meine Chefin war eine Cholerikerin und ich glaube, sie mochte mich auch nicht besonders. Menschlichkeit war ihr ein Fremdwort und sie fand, dass Lehrlinge auch prima Putzfrauen waren. Ich war oft zehn Stunden im Salon - auch ohne Pausen - und fast immer musste ich nach der Berufsschule arbeiten, obwohl das eigentlich nicht erlaubt war. Übungsabende gingen auch schon mal bis nach Mitternacht und morgens stand ich dann wieder pünktlich im Laden. Fehler, die man natürlich als Lehrling macht, wurden vor dem Kunden heftigst gerügt, teilweise wurde ich sogar zur Kasse gebeten, z.B. wenn mal eine Haarfarbe nicht ordentlich angenommen hatte. Wie gesagt, ich war Lehrling und eigentlich ist es die Aufgabe vom Chef, meine Arbeiten zu überprüfen. Meine Chefin sah das wohl nicht so. Für sie waren wir einfach günstiges Personal. Dass wir noch zur Schule mussten, empfand sie sowieso als Frechheit. Die viele Arbeit und der psychische Druck meiner Chefin haben sicherlich nicht zur Gesunderhaltung beigetragen. Ich war froh, als ich meine Lehre beendet hatte und dort weg konnte.

LENA

Sandra hatte mir den Kontakt einer Schilddrüsenärztin gegeben. Die Ärztin, die auch ihr geholfen hatte und die viele hundert Kilometer weit entfernt praktiziert. Dorthin habe ich meine Blutergebnisse geschickt und mit ihr telefoniert. Sie hatte eigentlich keine Kapazitäten für eine neue Patientin mehr, doch war sehr nett und nahm sich meiner an. Ich wusste auch nicht, was ich sonst hätte tun sollen. Mein TSH von 3,33 (bei Grenzwerten von 1 bis 4,5) schien ihr etwas zu hoch, der fT4 Wert lag bei 100 Prozent. Eigentlich gut. Doch man muss sich immer beide freien Werte ansehen, wie ich gelernt habe. fT4 und fT3. Sie bat mich, ein Ultraschall von meiner Schilddrüse machen zu lassen, um einen besseren Überblick zu haben. Ich hatte das erste Mal das Gefühl, dass mir jemand einen konkreten Leitfaden an die Hand gibt und mich auf der Suche nach meinem Problem fachlich unterstützt. Also ließ ich ein Ultraschallbild machen.

Ein weiterer Besuch bei der Hausärztin, von der ich mir erhofft hatte, dass sie mich behandelt und sich mit Schilddrüsenerkrankungen auskennt, endete mit einer Krankschreibung für eine Woche und dem Hinweis, dass jeder Mensch im Leben mal eine anstrengende und stressige Phase hat. Ich müsste mit so etwas nicht direkt zum Schlaflabor und meine Blutwerte seien ja auch alle in der Norm. Bem nächsten Besuch beim Arzt, er sollte mit mir meine Blutwerte besprechen, bin ich zusammengebrochen. Die Arzthelferin drückte mir den Zettel mit den Ergebnissen in die Hand und beinahe zeitgleich schossen mir die ersten Tränen in die Augen. Ich wurde wütend auf mich selbst auf meinen Körper. Die Blutwerte, TSH, fT3 und fT4 waren alle in der Norm. Sogar relativ gut in der Norm. Relativ. Ich hatte so gehofft, dass sie unter den Referenzwert gefallen waren. Schließlich musste man ja irgendwann auch den Hausärzten zeigen können, „Hallo, schaut her, es geht mir scheiße." Anders sahen sie es nicht, die Erfahrung hatte ich schon machen müssen. Wenn die Werte nicht vom Labor als auffällig markiert werden, dann wird doch nichts gemacht!

Noch bevor der Arzt das Sprechzimmer betrat, konnte ich mich kaum ruhig halten. Als er dann einen Blick auf die Werte warf und mir ins Gesicht sagte, „Mensch, ich wünschte, alle meine Patienten hätten solche Werte. Sie sind absolut gesund. Kein Nährstoffmangel, nichts. Ihre Cholesterinwerte sind überdurchschnittlich gut." wurde mir das alles zu viel. Ich sagte gar nichts, sah einfach nur diese beschissenen Blutwerte an und konnte nicht verhindern, dass mir Tränen in die Augen schossen. Ich konnte einfach nicht mehr. Der Arzt, der mir gegenüber saß, reichte mir ein Taschentuch, wollte mich aufmuntern. „Es ist okay, jeder Mensch ist mal gestresst und steht psychisch unter Druck. Sie müssen sich nicht schämen dafür." daraufhin erklärte er mir freundlich, dass ein Psychologe in solch schwierigen Situationen keine Schande ist und ich mich doch dorthin überweisen lassen solle. Er könne mich auch ein paar Tage krankschreiben, bis es besser ist. Ich war so wütend. Noch mit Tränen in den Augen und Wut im Bauch verneinte ich und ging.

Ich muss gestehen: Ich hätte sein Angebot mit dem Psychologen ohne Umschweife angenommen, hätten Sandra und Janis mir nicht immer wieder den Rücken gestärkt. Mich aufgebaut und mir Mut gemacht. Mir eingeschärft nicht aufzugeben und zum Therapeuten zu gehen, sondern weiter Blutwerte zu machen und meine Symptome aufzuschreiben. Das Schicksal nicht in andere Hände zu geben.

Das Ultraschallbild, das ich bei einem der vielen Arztbesuche und auf anraten der Schilddrüsenärztin hatte machen lassen, musste ich doppelt machen lassen, da einer der Ärzte ein Problem damit hatte, dass ich ohne Überweisung gekommen war. (Warum man dann acht Wochen braucht, um mir meine eigenen Daten auszuhändigen, verstehe ich bis heute nicht.) Das Ergebnis: Keine Zysten, eine einheitliche Farbe, Durchblutung super, Größe circa sechs Milliliter. Für beide behandelnden Ärzte war das jeweils ein super Ergebnis. Für mich nicht. Ich fühlte mich noch immer beschissen, müde und neben der Spur.

Als die Schilddrüsenärztin die Unterlagen hatte und ich mit ihr sprach, war sie beeindruckt. „Das wundert mich nicht, dass es Ihnen schlecht geht," sagte sie mir. „Wie soll eine so kleine Schilddrüse einen erwachsenen Körper versorgen?" Auf Nachfragen erklärte sie mir, dass es keine offizielle Untergröße für das Organ gibt. Der Normalwert liegt allerdings bei erwachsenen Frauen zwischen 15 und 18 Millilitern... Nur der obere Grenzwert ist festgesetzt. (Bei Männern liegt er bei 25 Millilitern.) Auch habe ich gelesen, dass eine Unterfunktion normalerweise bei einer Schilddrüsengröße von 10 Millilitern beginnt (Abweichungen sind natürlich möglich.) Ich hatte eine Schilddrüsen-Größe von sechs Milliliter und es ist keinem Arzt aufgefallen, dass das eventuell etwas ungewöhnlich sein könnte??? Zumal ich ja deutliche Symptome hatte!

Später habe ich gegooglet und herausgefunden, dass sechs Milliliter der Schilddrüsengröße eines etwa achtjährigen Kindes entspricht. Weiter erklärte Sie mir, dass meine Schilddrüse zwar keine dunklen Stellen oder Zysten aufwies, sondern eine einheitliche Farbe hatte, doch auch einheitlich zu dunkel sei. Eine überall zu dunkle Schilddrüse ist eine komplett entzündete Schilddrüse. Hashimoto. Übrigens auch verantwortlich für das plötzlihe Absacken des Blutzuckerspiegels. Auf mein Bitten hin schrieb sie mir eine Krankschreibung, ein ärztliches Attest, für das gesamte Semester. Für ein halbes Jahr! Ich fühlte mich nicht in der Lage, mein Leben jetzt ganz normal weiter zu führen. Die Energie hatte ich einfach nicht. Und ich wusste jetzt ja auch, dass es nicht einfach wie eine Grippe vorüber geht.

Meine Krankheit hatte nun einen Namen. Doch das war es auch schon. Hashimoto beeinflusst alles. Gefühle, Konzentration, Energie, Schlaf. Ich erinnere mich noch sehr gut an einen Vorfall, der mir auf dem Heimweg von der Arbeit passierte. Ich war mit dem Auto unterwegs, mir ging es die letzten Tage nicht sonderlich gut. (Wie eigentlich immer zu der Zeit) Ich fuhr über die leere Landstraße und sah eine rote Ampel auf mich zukommen. Ich sah sie, doch diese Information kam nicht bei mir an. Ich reagierte einfach nicht. Ganz knapp vor der Ampel wachte ich aus diesem seltsamen Zustand wieder auf und trat auf die Bremse. Das war das erste und bisher auch einzige Mal in meinem Leben, dass ich eine Vollbremsung machen musste. Auf einer leeren Straße, vor einer roten Ampel. Weil ich mich selbst nicht unter Kontrolle hatte. Danach setzte ich mich sehr lange nicht hinter das Steuer.

Ich hatte Angst bekommen. Ich konnte meinem Körper nicht mehr vertrauen. Nicht nur, dass ich unglaublich müde war, das hätte ich verkraftet, ich konnte mich nicht einmal auf längst Erlerntes verlassen. Selbst das einfache Anhalten bei einer roten Ampel, was man als Autofahrer gefühlt alle drei Minuten macht, funktionierte nicht mehr. Wenn man Angst davor hat, wie der eigene Körper reagiert, oder eben nicht reagiert, wird selbst das Alltäglichste zu einer Qual. Die normalsten Dinge waren einfach wie weg.

Mein Schlafbedarf lag mittlerweile bei etwa 14 - 17 Stunden pro Tag. Wenn man überlegt, dass ich teilweise nur sieben Stunden wach war, über den Tag verteilt, wobei „wach" hier definierbar ist (eigentlich lief ich rum wie ein Zombie), dann erscheint mir das erschreckend wenig. Zwei Stunden am Stück waren meist das Maximum, das ich mit offenen Augen schaffte. Nicht nur, dass man das Leben außerhalb nicht mehr fassen kann, sondern auch was mit einem selbst passiert, ist unheimlich. Ich habe innerhalb weniger Wochen fast zehn Kilogramm Gewicht verloren. Meine Beine fühlten sich an wie Wackelpudding, so kraftlos war ich. Wenn ich es vom Bett in die Küche geschafft hatte, musste ich mich erst einmal hinsetzen. Man bedenke, dass ich gerade 19 Jahre alt war. Eigentlich hätte ich unter der Woche studieren und am Wochende auf Partys gehen sollen. Ich hätte mich mit Freunden im Café auf einen Kaffee treffen oder in die Disco gehen sollen. Stattdessen nahm ich mir einen Stuhl, wenn ich die Spülmaschine ausräumen wollte, weil ich nicht mehr die Kraft hatte, so lange sicher zu stehen. Wenn man sich so jung schon fühlt, als wäre man über achtzig, dann beginnt man, sich zu fragen, wie man noch so lange durchhalten soll. Man stellt sich viel zu viele Fragen, die man sich mit viel zu vielen unschönen Antworten beantwortet.

Auch mein Arm sah zwischenzeitlich aus, wie bei einem Junkie. Derart zerstochen von den vielen Blutabnahmen, dass ich mich schon unwohl fühlte. In der Öffentlichkeit, sofern ich die Kraft hatte, aus dem Haus zu kommen, trug ich meist lange Ärmel. Viele nennen es Depression, Selbstzweifel, eine schwere Phase. Für mich fühlte es sich immer an wie eine Kapitulation vor mir selbst. Diese alles verneinenden Gedanken, die irgendwann auftraten, machten mich fertig. Ich wurde grundlos wütend, brach einfach so in Heulkrämpfe aus und konnte mit mir selbst nichts mehr anfangen. Man ist nicht nur körperlich am Ende, man ist es auch psychisch. Das wollte ich nicht und ich wusste genau, dass ich eigentlich ein sehr lebensfroher Mensch war. Ich konnte mir diesen Zustand, der Depression nahe, nicht erklären, fand nie einen Grund dafür und es war leider nicht immer befriedigend, einfach meine Schilddrüse dafür zu verfluchen.

SANDRA

Die nächste schlimme Zeit in meinem Leben kam, als mein damaliger Mann und ich Kinder wollten. Mein erster Sohn kam zur Welt und allein seine Geburt war ein Trauma. Da steht man viele, viele Stunden Geburtswehen durch, lässt sich wegen Geburtsstillstand mit einer Zange den Unterleib zerreißen (natürlich nur vom Schmerzgefühl her), um dann doch noch einen Kaiserschnitt zu bekommen. Ich habe lange gebraucht, um das zu verarbeiten und auch mein Kind als dieses anzunehmen. Man trägt neun Monate dieses Baby im Bauch und träumt natürlich von einer schönen Geburt, wie in den Filmen, die man so sieht. Doch wenn man sich über Stunden mit Schmerzen quält, und dann doch die entscheidenden Momente verschläft... dann bekommt man ein Baby auf den Bauch gelegt, von dem behauptet wird, dass es deines sei, ist das sehr schwer anzunehmen.

Einige Monate habe ich dafür schon gebraucht und doch, als ich es endlich geschafft hatte, schlug das Schicksal wieder zu. Mein

Kind wurde schwer krank. Er hatte eine Meningitis. Eine schwere Art der Hirnhautentzündung. Der Arzt erklärte uns, dass viele Kinder das nicht überleben und wenn sie es doch tun, bleiben meist Behinderungen zurück. Da muss man erst mal schlucken und fängt plötzlich an, zu beten. Da liegt dein kleiner Schatz an einem Tropf, gelegt am Kopf, weil die Adern am Arm zu klein sind und lauter piepsende Monitore die einen total verwirren, auf der Intensivstation. Du stehst einfach nur hilflos daneben und versuchst, das irgendwie zu verarbeiten.

Wir hatten damals sehr viel Glück, dass Dennis das ohne großen Schaden überstand. Einige Jahre mussten wir mit ihm zwar noch zur Kontrolle und zur Krankengymnastik, aber das war okay. Der psychische Stress in dieser Zeit war nicht ohne.

Trotz dieser schweren Zeit wollten mein Mann und ich noch ein zweites Kind. Wir übten auch fleißig und ich wurde sehr schnell schwanger. Wir freuten uns wie die Schneekönige. In der zehnten Woche dann, schlug das Herz meines Babys plötzlich nicht mehr. Verzweiflung, Traurigkeit und Selbstvorwürfe breiteten sich in mir aus. Die Frage, ob ich was falsch gemacht haben könnte oder ob ich sogar als Frau versagt haben könnte, nagte sehr an mir. Ich musste das Baby per OP wegmachen lassen. Ein für mich wirklich unmenschlicher Akt. Ich hätte mir zu der Zeit etwas mehr psychologische Betreuung gewünscht.

Das Krankenhaus empfand mich wohl eher so, als wenn ich mir den Blinddarm rausnehmen lassen würde. Ich lag auf der Wöchnerinnenstation. Das heißt, du hast dir gerade dein Baby wegmachen lassen, während neben dir im Bett eine glückliche Mutter mit ihrem süßen Baby im Arm liegt. Es war wirklich grausam.

Nach drei Tagen kam ich endlich wieder raus und musste dann einen Tag später zur Nachkontrolle zu meinem Frauenarzt. Mein Gynäkologe fand leider noch, wie er sich ausdrückte, „Reste" in meiner Gebärmutter und ich durfte noch am nächsten Tag wieder auf den OP-Tisch. Nach erneuter OP und Kontrolle durch meinen Gynäkologen fanden sich leider noch immer „Reste" in mir. Auf gar keinen Fall wollte ich nochmal in den OP. Somit schlug mein Arzt mir vor, die „Reste" dann mit Tabletten sozusagen abzutreiben. Was da in mir vorging muss ich wohl kaum beschreiben. Das schlimmste war aber, dass diese Tabletten so starke Nebenwirkungen bei mir ausgelöst haben, dass ich seitdem unter Medikamentenphobie leide. Herzrasen, erhöhter Puls, Atemnot, Kreislaufzusammenbruch. Mein Mann war total überfordert, rief erst mal meine Schwester an, die dann gleich vorbeikam. Meine Schwester wohnte im gleichen Ort und wir hatten wegen der Kinder, ihre Tochter war lediglich 5 Monate älter als Dennis, ein enges Verhältnis. Als sie mich sah, erschrak sie, so schlecht muss ich ausgesehen haben. Ich hatte wirklich das Gefühl, sterben zu müssen.

Mein Gynäkologe hatte zu dem Zeitpunkt Notdienst, so dass meine Schwester ihn gleich anrief. Er hielt es aber überhaupt nicht für nötig, mal rauszukommen um mir zu helfen. Er meinte lapidar, wenn ich meine, dass es schlimm ist, sollte ich 112 anrufen. Tja, als junger Mensch ist man dann echt verunsichert und wir haben uns entschlossen das auszusitzen. Wie man sieht, habe ich es überlebt, aber es war echt heftig. Übrigens sind diese Tabletten *heute vom Markt genommen worden. Das sagt wohl alles!!*

LENA

Bei mir verhielt es sich so: Es begann mit einer Katastrophe und wenn ich gerade das Gefühl hatte, es wird langsam besser, zersetzte sich meine Schilddrüse ein Stückchen weiter und warf mich wieder zurück. So auch die nächsten Blutwerte. Der Endokrinologe stellte fest, dass meine Prolaktinwerte zu hoch waren. Nicht extrem, aber immerhin so hoch, dass mein Körper begann, Muttermilch zu produzieren. Ich ließ das auch von einer Gynäkologin abklären, die mir eröffnete: „Wenn Sie nicht die Pille nehmen würden, dann hätten Sie vermutlich auch keine Regelblutung mehr, da die ja gewöhnlich ausbleibt, während der Stillzeit." Im Raum stand nun der Verdacht einerseits, es könnte sich um einen Hypophysentumor handeln, eine der häufigsten Ursachen bei solcher Symptomatik, auch wenn meine Blutwerte dafür eigentlich nicht schlecht genug waren. Auf der anderen Seite hatte ich Hoffnung, dass sich das ganze als ein kleiner Scherz von meinem Körper herausstellt und bei den nächsten Blutwerten wieder alles tutti war. Denkste. Meine Werte verschlechterten sich.

Ab jetzt hieß es: Warten, dass ein MRT gemacht wird. Als Kassenpatientin drei Monate. Bei dem Verdacht Tumor im Kopf... Drei verdammte Monate Wartezeit. Drei Monate, in denen man sich jeden Tag erneut fragt, was mit einem passiert, was da eventuell in seinem Kopf ist. Was tue ich, wenn der Befund positiv ausfällt? Was tue ich, wenn ich operiert werden muss? Drei Monate, in denen man anfängt, das gesamte Internet zu durchforsten, um sich alle Möglichkeiten vor Augen zu halten. Möglichkeiten, von denen einige wirklich beunruhigend sind. Dieses Gefühl, wenn man einfach in Tränen ausbricht, weil man sich nicht erklären kann, was mit einem los ist, wünscht man niemandem. Eine solche Hilflosigkeit hätte ich mir vorher niemals vorstellen können. Hilflosigkeit und Wut. Mir geht es schon beschissen, weil die Schilddrüse ihre Arbeit einstellt und sich selbst zerstört und dann bekommt man die Diagnose Tumor... Danke!

In den drei Monaten, die ich auf den Termin wartete, versuchte ich alles mir mögliche. Ich versuchte, alle Stimmen, die mir sagten, ich solle Rat beim Psychologen suchen, zu ignorieren. Ich wollte nicht verrückt sein. Alle Ärzte, die sich meine Symptome mit „Stress" erklärten, wechselte oder nervte ich so lange, bis sie die Blutwerte nahmen, die ich haben wollte. Mein Leben lang wurde jede meiner körperlichen Schwächen mit Stress erklärt. Jeder kleine Zusammenbruch (der vermutlich schon damals von der Schilddrüse kam), jeder kleinste Jetleg vom zu langen Wochenende. Auf Stress als Diagnose für irgendetwas, reagiere ich äußerst gereizt. Es entsprach bisher nie der Wahrheit, immer stellte sich später etwas anderes heraus. Ich denke, dass viele Ärzte zwei Wege haben, um nicht eingestehen zu müssen, dass sie keine Ahnung haben, was mit einem los ist, oder wenn das Budget zu knapp ist, um die benötigten Untersuchungen durchzuführen: Diagnose Stress oder einfach direkt die Überweisung zum Psychologen. Das Resultat daraus war, dass ich von der Schilddrüsenärztin, die mir Sandra empfohlen hatte, ein erstes Rezept erhielt. Sie vermutete, dass mein hoher Prolaktinwert und auch mein instabiler Blutzuckerspiegel von zu wenig Hormonproduktion seitens der Schilddrüse kommt. Im Endeffekt hat sich dies als korrekt herausgestellt. Kein Diabetes und kein Tumor im Kopf – was ein Glück!

Ich hätte es nie für möglich gehalten, dass ein so kleines Organ, über dessen Tätigkeit man als Normalbürger so wenig weiß (und über das scheinbar selbst die meisten Ärzte kaum etwas wissen) den ganzen Körper so beeinflussen kann. Sie konnte mich ein wenig beruhigen, während ich auf das MRT meines Kopfes wartete, doch niemand kann einem alle Sorgen nehmen, wenn man in einer solchen Situation ist. Wenn der Körper verrückt spielt und die Ärzte ins Blaue raten.

Die Krankschreibung kam mit dem ersten Rezept per Post. So konnte sie mir auch die Bedenken nehmen, alles aufarbeiten zu müssen. Ich würde einfach alles nachholen, wenn ich wieder gesund war. So dachte ich damals zumindest...

Ich hatte gehofft, dass die ersten Tabletten ein bisschen Fahrt bringen und nun alles läuft. Doch ich hatte nicht mit den Ärzten gerechnet. Obwohl ich bereits Tabletten bekam – auf Eigenleistung, da von der Privatärztin – hieß es noch immer „Es tut uns leid, wir sehen keinen Anlass, ihre Blutwerte zu nehmen." Ich musste jedes Mal beim Arzt diskutieren, damit auch die freien Werte fT4 und fT3 gemacht werden, statt nur des TSH. Jedes Mal hieß es dann: „Die Werte können wir machen, das müssen Sie aber selber zahlen." 36 Euro etwas kosten die beiden Werte. Das alle vier bis sechs Wochen, drückte bei mir als Studentin auf den Geldbeutel. Und zwar ziemlich doll. Zumal ich anfangs nicht das Gefühl hatte, dass es etwas hilft. Die Schilddrüsenwerte sind nicht so einfach auszulesen. Ich schätze, neunzig Prozent der Ärzte beschränken sich hierbei auf den TSH. Ich weiß nicht, wie oft ich hören musste, „Ja, dann sagen sie mir doch ein mal, wie ihr TSH ist, dann sehen wir, wie es ihrer Schilddrüse geht." Mein TSH war immer in der Norm, sogar sehr gut in der Norm. Und trotzdem ging es mir schlecht. Die Ärzte fingen dann meist an zu schmunzeln und redeten meine Beschwerden klein, meine Psyche schwach und meine Tabletten unnötig.

Der TSH ist ein Hormon, das von der Hypophyse ausgeschüttet wird, um die Schilddrüse anzuregen, Hormone zu produzieren. Man sagt im Allgemeinen, dass der Wert, um Kinder bekommen zu können, bei unter eins liegen muss. Empfohlen sind Werte bis maximal 2,5, ideal ist unter eins. Die Normen der Labore gehen meist bis 4,5 und Krankenhäuser tun erst etwas ab 10 oder deutlichen Symptomen. Dass da keiner den Durchblick hat, ist doch klar, oder? Mein derzeitiger Wert liegt bei ziemlich genau „nicht messbar" und das ist auch gut so. Meine komplette Schilddrüsenfunktion wird mittlerweile durch Tabletten geregelt, aber das nur am Rande und später mehr. Ich bin zwar kein Arzt, aber ich denke jeder Mensch, der eine längerwierige Krankheit hat, zum Beispiel eine Autoimmunerkrankung, der sollte ein bisschen was darüber wissen. Über die Werte, die wichtig sind, was gut und was schlecht für den Körper ist.

Die Schilddrüsenärztin hatte es mir in etwa so erklärt: Die Hypophyse produziert ein Hormon, das der Schilddrüse sagt „Hey, mach mal was" (hoher TSH) oder „Hey, alles gut, der Körper funktioniert, Hormone sind genug" (niedriger TSH). So gesehen ist der TSH kein Schilddrüsenhormon, man kann daran aber ihre Aktivität erkennen. Die Schilddrüse produziert dann, wenn der TSH meldet, dass Hormone produziert werden müssen, Thyroxin. Es wird in den Blutwerten abgekürzt mit fT4, was für freies Thyroxin steht. Dieser Blutwert wird von Labor zu Labor in unterschiedlichen Intervallen angegeben. Es ist also wichtig, den Wert in Prozent umzurechnen, um eine Aussage treffen zu können. (Außer meiner Schilddrüsenärztin hat das noch nie ein Arzt gemacht.) Liegt der Prozentwert oberhalb der Achtzig, ist das okay, Wohlfühlwerte liegen aber bei jedem etwas anders. Meiner ist bei etwa 98 Prozent. Für die meisten Mediziner ist es sofort bedenkenswert, wenn der Wert die hundert Prozent übersteigt, also über der Norm liegt, doch ich denke, man muss sich wohlfühlen und darf sich nicht zu krampfhaft an den Normen festhalten. Schließlich sind wir Menschen individuelle Lebewesen und keinen Maschinen. Zeitweise lag mein fT4 auch bei 110 Prozent – mir ging es gut, ich habe die Tabletten nicht runter dosiert. Oft hat er sich dann bei gleicher Dosis mit der Zeit wieder nach unten verschoben und ich musste sogar nach dosieren.

Obwohl sich also meine Blutwerte verbesserten, ging es mir nicht gut. Die Medikamente wirkten überhaupt erst ab einer Menge von 50 – 75 Mikrogramm Euthyrox. Gestartet hatte ich mit 12,5 Mikrogramm und dann alle vier Wochen 12,5 Mikrogramm mehr. Meine Schilddrüsenärztin beharrte jedes Mal darauf, dass ich hochdosierte. Meine Hausärzte hielten mich für Verantwortungslos, doch es war genau richtig.

Widerwillig wurden die Blutwerte genommen, einmal durfte ich mir nicht nur anhören, wie schlecht ich mit meiner Gesundheit umgehen würde, sondern auch, dass wahrscheinlich alles nur von den Medikamenten käme, ich solle sie doch einmal absetzen, und schauen, wie es mir dann geht. Das habe ich natürlich nicht getan, denn oberhalb der 75 Mikrogramm Euthyrox ging es mir tatsächlich immer ein kleines Bisschen besser. Mein extremer Schlafbedarf normalisierte sich ein wenig, ich empfand wieder Lust und bemühte mich, wieder in einen Alltag zu finden. Es war ein wenig, wie aus einem Nebel aufzuwachen. Ich hatte immer mehr Momente, in denen ich mich anwesend fühlte. Aber ich spürte auch, dass es noch ein langer Weg war und ich sehr alleine war.

Ich hatte sämtliche Hobbys abbrechen oder aussetzen müssen und das spürte ich. Mein Tag bestand aus dem

Kabeleins-Programm, Schlafen und der Gassirunde. Die Zehn-Minuten-Runde mit dem Hund war unglaublich anstrengend und ermüdend. Ich war auch noch nicht in der Lage, wieder einen Haushalt zu führen, geschweige denn, zur Uni zu gehen, aber schon diese kleine Besserung, tat unsagbar gut und machte mir Mut, nicht aufzuhören sondern weiter zu machen, bis ich wieder fit war.

Doch wie das so ist bei einer Autoimmunerkrankung, der Zerstörungsprozess geht weiter. Immer, wenn ich einen solchen Schub hatte, also wenn sich meine Schilddrüse wieder ein Stück zersetzt hatte, bekam ich einen ganzen Schwung Hormone, und anschließend war wieder ziemlich Ebbe diesbezüglich. Dann wechselt die eigentliche Unterfunktion in eine kurzzeitige Überfunktion. In dieser Zeit ging es mir meist sehr schlecht und ich fiel zurück. Alle Symptome, die ich noch immer hatte, wurden stärker und knockten mich aus. Nach jedem Schub musste ich meine Medikamentendosis nach oben hin korrigieren. Es war dann ja auch wieder ein Stück weniger Schilddrüse da, das noch etwas tun konnte.

An einen Vorfall erinnere ich mich aus dieser Zeit besonders: Ich war der Auffassung, dass ich verhältnismäßig fit war und habe meinen Freund zum Einkaufen begleitet. Janis war die letzten acht Wochen immer allein gegangen, weil ich kaum so lange wach bleiben konnte und nur sehr wenig Kraft hatte. Ich fühlte mich unwohl, hielt mich unsicher am Einkaufswagen fest und ging ziemlich planlos durch die Gänge. Mein Kopf funktionierte nicht so wirklich und eigentlich war es mehr Janis, der einkaufte. Wie ein Zuschauer kam ich mir vor, starrte die einzelnen Produkte an, deren Bilder scheinbar meinen ganzen Kopf einnahmen. Was wir einkaufen wollten, wusste ich nicht mehr.

Schlimm wurde es dann an der Kasse. Diese plötzliche Enge und das eingepfercht sein zwischen Menschen bekam mir nicht gut. Mein Puls ging in die Höhe, ich begann zu schwitzen und war gestresst. Das Band, das sich bewegte, die

Kassiererin, die die Lebensmittel über diesen Pieper zog und die Leute, die hinter mir ihre Sachen aufs Band legten. Das war einfach zu viel, ich konnte mich nicht konzentrieren, es war wie in einem Tunnelblick und gleichzeitig eine Reizüberflutung. Angstpatienten beschreiben so, soweit ich weiß eine Panikattacke und genau das hatte ich innerlich. Meine Knie wurden weich und ich klammerte mich an den Einkaufswagen, um mich zu stützen. Wie viel man mir davon ansah, kann ich nicht sagen, aber mir ging es in dem Moment beschissen und auch eine ganze Zeit danach noch nicht gut. Dass man Angst davor haben könnte, einkaufen zu gehen, erschien mir absolut lächerlich, doch das hatte ich. Ich konnte nicht kontrollieren, wie mein Körper mit Situationen umging, es war, als sei ich von meinem Körper getrennt. Als hätte ich keinerlei Kontrolle mehr über mich selbst.

Als ich dann anfing, Heißhungerattacken, noch mehr plötzliche Heulkrämpfe zu bekommen und immer wieder in depressive Phasen zu fallen, verschrieb mir die Schilddrüsenärztin neben dem Euthyrox auch noch Thybon (ein T3 Präparat). Die Schilddrüsenärztin erklärte mir, dass zu wenig T3 im Körper vor allem zu depressiven und häufig wechselhaften Stimmungen führt. Dass man Wut und Unzufriedenheit spürt und gesteigerten Appetit hatte. Besonders letzteres traf bei mir zu. Ich machte mir am Tag bis zu fünf warme Mahlzeiten und schaufelte alles Mögliche in mich rein, doch das Hungergefühl blieb. Ich glaube gerade für Menschen, die sich bemühen, gesund zu leben, ist das ein Alptraum. Nach dem Frühstück gab es ein weiteres Frühstück, dann ein Mittagessen. Eine Stunde später die Reste vom Mittagessen und schließlich Abendessen. Aber auch stark depressiv geprägte Phasen hatte ich, das möchte ich nicht verleugnen.

Thybon ersetzt das T3 – das Trijodthyronin. Es wird von der Schilddrüse aus dem T4 gebildet. Demnach hängen diese beiden Werte sehr eng zusammen. In der Theorie einmal angenommen, die Schilddrüse würde hundert Prozent T4 produzieren, aber nur sechzig oder siebzig Prozent T3, dann kann man sich ausrechnen, dass etwa dreißig Prozent irgendwo auf der Strecke geblieben sind. Auch ein super fT4 Wert ist dann für die Katz. Dafür muss man keinen Doktortitel haben, um das zu erkennen und Schilddrüsen-Werte-Rechner gibt es im Internet genug. Man muss einfach nur seine Werte und die Grenzwerte des Labors eingeben, und erhält Prozentzahlen.

Meine Schilddrüsenärztin sagte mir damals, dass eine Differenz von etwa 5 Prozent normal ist. Auch das ist wieder bei jedem Menschen ein kleines bisschen unterschiedlich, doch ich hatte damals eine Differenz von über vierzig Prozent. Kein Arzt fand das in irgendeiner Art bedenkenswert – schließlich waren die Werte für sich genommen ja in der Norm. (Gott, wie ich dieses Norm-Gerede hasse...) Doch meine Schilddrüsenärztin sagte mir sofort, „diese Werte sind wirklich schlecht." Von da an ging es mit Hilfe der Tabletten tatsächlich noch etwas bergauf.

Ein weiterer Punkt, den man erfährt, wenn man sich mit Hashimoto auseinandersetzt ist der Zusammenhang der

Schilddrüse mit dem Magen und besonders dem Darm. Schon bevor meine Symptome auffällig wurden, griff sich meine Schilddrüse an und löste eine Hopfenunverträglichkeit aus. Ich hatte plötzlich extreme Magenschmerzen, sobald ich Hopfen zu mir nahm. Nach einem Bier konnte ich nicht mehr gerade stehen vor Schmerzen. Ich ging nicht zum Arzt, sondern nahm es hin. Wein trank ich sowieso lieber und den vertrug ich sehr gut. Gedanken machte ich mir erst im Nachhinein darüber. Denn auch Lebensmittel, die viel Zucker oder Fett enthielten, bekamen mir mit der Zeit nicht mehr gut. Noch heute verzichte ich größtenteils auf süße Getränke wir Cola und Co. Es ist zwar nicht mehr so schlimm, doch wenn man lange darauf verzichtet hat, dann braucht man nicht so viel davon. Bei Pommes war das anders. Ich liebe gute Pommes mit Majo, doch bis ich die Tabletten bekam, hatte ich fast zwei Jahre keine einzige Pommes mehr gegessen. Bereits nach einer oder zweien bekam ich Magenschmerzen, ähnlich wie vom Hopfen. Heute, mit Tabletten kann ich endlich wieder Pommes essen. Schon als

Kind waren Pommes ein Highlight und im Restaurant bestellte ich sie oft mit Kräuterbutter statt mit Majo. (Ja, mit Kräuterbutter schmecken die auch super.) Mit stark zuckerhaltigen Dingen habe ich noch manchmal so meine Schwierigkeiten und Hopfen ist ein No-Go. Aber da bleibt ja noch der Wein.

Meiner Meinung nach sollte jeder Mensch, besonders der Hashimoto hat, darauf achten, was er gut verträgt und was nicht. Ich weiß von Bekannten, dass viele Hashis Probleme mit Kohlenhydraten haben und auch ich vertrage vor allem Brot immer nur in Abhängigkeit von meinem derzeitigen Gesundheitszustand. Besonders nach einem Schub, habe ich Schwierigkeiten damit. Ich bin mir nicht sicher, ob man das medizinisch erklären kann, aber ich kann mir vorstellen, dass ich damit nicht alleine bin.

SANDRA

Ein paar Wochen später hatte ich das große Glück, erneut schwanger zu sein. Natürlich hatte ich latent Sorge, dass wieder etwas schief gehen könnte, sagte mir aber, dass es wohl kein zweites Mal passieren wird. Tja, da sollte ich mich wohl täuschen. Wieder in der zehnten Woche kein Herzschlag, wieder OP und wieder Tränen...

Mein Mann und ich beschlossen, uns genetisch untersuchen zu lassen, um sicher zu gehen, dass wir bei Versuch Nummer drei nicht wieder so ein Unglück erleben müssten. Die Ärzte waren super dort und ich hatte das Gefühl, dass die was von ihrem Job verstehen. Die Ergebnisse waren beruhigend und somit wagten wir nochmal einen Versuch, endlich unseren Wunsch nach Kind zwei zu erfüllen. Doch auch Versuch Nummer drei scheiterte. In Woche acht bekam ich Blutungen und verlor auch dieses Kind. Mittlerweile war ich diesbezüglich entweder total abgehärtet oder gefühlskalt, es berührte mich nicht mehr so sehr wie zu Beginn.

Klar weinte ich und war unglücklich, doch längst nicht mehr so, wie es eigentlich hätte sein müssen. Ich denke, das war reiner Selbstschutz. Glück im Unglück war, dass ich diesmal keine OP brauchte, sondern es die Natur allein geschafft hat.

Was ich aber merkte war, dass ich jetzt ein Baby wollte. Mehr denn je! Ich fühlte mich unfraulich, unfähig und leer. Obwohl ich ja schon einen kleinen Jungen hatte, fehlte mir ein weiteres Baby. Überall sah ich Schwangere, Babys und Kinderwagen... Auch mein Mann wollte partout nicht aufgeben, also wagten wir es nochmal. Der Test war recht schnell wieder positiv, aber in mir hatte sich was verändert. Ich freute mich nicht mehr, konnte diese Schwangerschaft nicht annehmen. Zu groß muss meine Angst gewesen sein, auch dieses Baby wieder zu verlieren. Doch diesmal hatte das Schicksal es wohl besonders gut gemeint. Beim Ultraschall zeigten sich zwei Hüllen. Zwillinge... Oh ha... Das war erst mal ein Schock, dem aber recht schnell Freude folgte. Keine Woche später bekam ich wieder Blutungen. Mir war klar, das war es wieder. Ich ging sofort zu meinen Gynäkologen der via Ultraschall umgehend nachschaute. Es gab nur noch eine Blase, *aber da war soweit alles okay. Mein Gynäkologe meinte, das käme schon recht häufig vor, dass sich eine Zwillingsanlage nicht weiterentwickelt. Jaaa, das sowas recht häufig vorkommt, hab ich bei den Fehlgeburten auch schon gehört. Ein (nicht) echter Trost! Aus reinem Selbstschutz fing ich an, meine Schwangerschaft zu ignorieren. Ich trank am Wochenende schon mal ein Glas Sekt, ich rauchte und ich verfluche mich im Nachhinein dafür. Doch dieser kleine Krümel in mir, war stärker. Er hielt durch und kam auch völlig gesund zur Welt. GESCHAFFT!!!*

LENA

Während der ganzen Zeit, die ich krankgeschrieben und zeitweise wirklich lebensunfähig war, hatte ich doch immer unseren Hund zur Seite. Sie hatte wohl gespürt, dass es mir nicht gut ging und wich nicht von mir. Wenn ich schlief, lag sie neben mir, wenn ich fernsah, lag sie auf meinem Schoß, wenn ich kraftlos war, forderte sie mich nicht auf, zu spielen. Sie war die ganze Zeit über bei mir. Ich dachte nicht, dass ein Hund so empathisch sein kann, doch sie zeigte mir, dass das sehr wohl möglich ist. Sie war tatsächlich einer der Gründe, weshalb ich nicht aufgegeben habe. Das Gefühl, dass sie da ist, sie in den Arm nehmen zu können, wenn niemand sonst da war und ich Nähe brauchte, war gut. Jedes Mal, wenn ich einen erneuten Rückschlag durchmachte, war ich froh darum.

Auch jetzt, während ich das schreibe, sitzt sie auf meinem Schoß. Allerdings erinnert sie mich mittlerweile regelmäßig daran, dass ich auch mal eine Schreibpause einlegen muss.

Ich war auch froh, dass Janis mir beistand und versuchte zu verstehen, wie es mir ging. Er war einer der wenigen, bei denen ich das Gefühl hatte, dass sie hinter mir stehen, der mir glaubte, wenn ich erklärte, dass bestimmte Dinge einfach nicht gehen. Es ist, wie einem Magersüchtigen zu erklären, er müsse einfach mehr essen. Es gibt Dinge, die gehen einfach nicht und das kann man auch ganz rational nicht begründen.

Ein Vorfall ist mir und wahrscheinlich auch ihm noch deutlich in Erinnerung. Ich hatte geschlafen und wir wollten in der Küche etwas essen. Also setzte ich mich auf und wollte vom Schlafzimmer in die Küche gehen. Dort kam ich auch an, aber nicht so, wie ich das geplant hatte. Ich kann mich bis heute nicht daran erinnern, durch den Flur gegangen zu sein, ich weiß nicht, dass Janis mich ansprach. Ich weiß nur noch, wie ich auf dem Küchenboden liege. Ich bin stumpf vorn übergefallen, mitten im Gehen. Glück war, dass wir zuvor per Post einen Holztisch geliefert bekommen hatten, der noch verpackt in der Küche lag. Ich bin darauf gelandet und abgerollt, da die Tischplatte etwas gekippt war. Sonst wäre ich wahrscheinlich mit dem Kopf direkt auf die Fliesen aufgeschlagen. Doch auch so trug ich einige blaue Flecken und Schrammen davon, da ich irgendwie vom Küchenschrank abgeprallt sein musste.

Als ich dann wieder bei mir war, geschockt und verwirrt, kniete Janis neben mir. Ich konnte seine Angst in der Stimme hören, als er sagte, er werde einen Krankenwagen rufen. Ich war noch total verwirrt doch was ich wusste war, dass ich definitiv nicht im Krankenwagen irgendwo hingebracht werden wollte. Ich versuchte, ihn davon zu überzeugen, dass ich nicht ins Krankenhaus musste. (Im Nachhinein ist das wohl ziemlich unvernünftig gewesen, doch ich hatte schlichtweg genug von Ärzten.) Als ich meine Tränen überwunden hatte, schließlich hatte ich mich derbe angehauen und war noch total neben der Spur, fragte ich ihn, was denn überhaupt los gewesen sei. „Du bist so schwankend in die Küche gekommen, als würdest du einen Betrunkenen nachmachen. Ich habe noch gefragt „alles okay?". Du hast mich angeschaut und ich dachte du setzt dich an den Küchentisch, doch du bist einfach vorn übergekippt."

Davon hatte ich nichts mitbekommen und kann mich auch heute nicht daran erinnern. Allerdings habe ich ihn gebeten, in Zukunft nicht auf mich zu hören, sondern sofort den Krankenwagen zu rufen, sollte so etwas noch einmal passieren. Bisher ist das aber zum Glück mein einziger Ohnmachtsanfall gewesen. Gott sei Dank!

SANDRA

Während dieser Schwangerschaft brach mein Hashi wohl richtig aus. Der Beginn war zu der eigentlich schönsten Zeit im Leben. Wir waren in der Türkei im Urlaub. Die Zeit war schnell rum und der Heimflug stand an. Leider mussten wir mitten in der Nacht raus, ohne Frühstück. Für mich als Verfressene echt blöd. Mein Sohn, damals 4, hatte auch ständig Hunger. Aber was soll man machen? Erstmal zum Flughafen bringen lassen und dann könnten wir ja da was essen.

Angekommen, war das Gebäude ganz schön voll. Wir mussten uns bei der Passkontrolle ziemlich lange anstellen. Das fand wohl mein Kreislauf nicht so toll. Ich zog meinem Mann am Ärmel und sagte zu ihm: „ Ich muss mich hinlegen!" Ich hörte noch, wie er sagte, „Jetzt nicht!" und dann wurde es auch schon schwarz um mich herum. Als ich wach wurde, standen viele Leute um mich herum und mein Gesicht war klitsch nass. Ein Arzt kniete neben mir und schien sehr erleichtert. Ich erfuhr, dass ich wohl kurzzeitig einen Atemstillstand hatte. Uff, das haute mich um.

Ich kam erst mal in die Sanitätsstation des Flughafens, wo ein kurzer Check stattfand. Es befanden wohl alle, dass aufgrund der Schwangerschaft und der fehlenden Nahrung der Kreislauf schlapp gemacht hatte und ich wurde mit dem Rollstuhl zum wartenden Flugzeug gefahren. Naja zumindest mussten wir nicht nochmal anstehen, hatte auch was.

Kurz nachdem der Flieger gestartet war, merkte ich, wie der Kreislauf wieder absackte, mir war schwummerig und ich hatte Sehstörungen… und Panik. Man legte mich auf den Boden und eine Sauerstoffmaske wurde auf mein Gesicht gedrückt. Ich lag da und schaute mich um und sah in die ängstlichen Augen meines Sohnes. Das war das Schlimmste, was ich je erlebte.

Auch der Pilot kam, um zu sehen, ob er den Flug weiterführen konnte. An Peinlichkeit für mich kaum zu überbieten. Nach ein paar Minuten ging es mir zumindest wieder so gut, dass ich in den Sitz verfrachtet werden konnte. Hinter mir saß ein

Passagier, der ausgebildeter Sanitäter war. Während des restlichen Fluges, hatte er die ganze Zeit seine Hand auf meiner Schulter, was mich ungemein beruhigte und es ging mir dadurch, zumindest psychisch, auch etwas besser.

Zuhause ging es mir wieder richtig gut und da es mittlerweile Abend war, beschlossen wir mit den Schwiegereltern essen zu gehen. Kaum war das Essen bestellt, merkte ich, wie mir wieder so komisch wurde. Das Gefühl, dass die Beine wegknicken, der Kreislauf absackt, einfach ein ganz merkwürdiges Befinden. Während alle aßen, lag ich im Auto auf der Rückbank und hoffte, dass es vorbeigehen würde.

Solche Anfälle kamen von nun an ständig und ich wusste überhaupt nicht damit umzugehen. Es kam immer ganz plötzlich, als ob man einen Lichtschalter anstellen würde. Um zu verstehen wie es sich anfühlt, betitelte ich das immer als Kreislaufschwäche.

Ich ging zum Arzt, der mich schon von klein auf kannte. Er war sehr bemüht und stellte mich auf den Kopf. Genauso wie mein Gynäkologe, der sich um die Hormone kümmerte. Keiner fand etwas Beunruhigendes. Das verunsicherte mich natürlich noch mehr, denn ich bildete mir das alles ja nicht ein.

LENA

Ich war also einige Zeit schon krankgeschrieben, verbrachte eigentlich vierundzwanzig Stunden am Tag zuhause - hauptsächlich mit Schlafen und mich vom Fernseher berieseln lassen und fühlte mich weit weg von einer Welt, in der es um Studium und Co ging. Ich ging wieder hin, als das neue Semester anfing, doch es dauerte nicht lange und ich spürte, dass ich es nicht konnte. Es ging nicht. Körperlich nicht und vom Kopf auch nicht. Ich konnte einfach nicht noch länger auf dem Hintern sitzen mit der Aussicht, erst in fünf Jahren wirklich etwas zu tun - dann erst Arbeiten zu gehen. Ich musste endlich raus, vor die Tür, das Leben nutzen, soweit es geht. Und das konnte ich nicht im Hörsaal. Das traute ich mir auch nicht zu, ich war auch noch nicht so fit, wie ich es mir einredete. Wer konnte denn wissen, wie es mir in einem Jahr geht? Vielleicht passiert mir das ganze ja noch einmal. Ich war noch lange nicht am Ende der

Reise. Es konnte jeder Zeit Rückschläge geben. Schlimme Rückschläge. Allein die Hashimoto-Schübe warfen mich ja jedes Mal aus der Bahn. Wie sollte ich dann ein Lehramtsstudium beenden? Selbst wenn ich den Bachelor schaffte, dann musste ich ja noch den Master machen. Ein Bachelor hilft da nichts. Wenn es mir dann wieder schlecht ging, dann hatte ich gar nichts, außer Zeit verschwendet. Ich brauchte etwas anderes, das wurde mir klar. Eine Ausbildung, die nicht so lange dauert, damit ich möglichst schnell etwas habe, wohin ich zurück kann, wenn es mir schlecht geht. Damit ich nach eventueller erneuter Krankheit eine fertige Ausbildung habe, die ich vorweisen kann. Ich hatte Angst, mir meine Ziele zu hoch zu stecken, viel zu viele Rückschläge hatte ich schon durchmachen müssen. Das wollte ich nicht mehr. Ich wollte den Schongang einlegen. Ich traute mir das alles, was damals so absolut klar schien, nicht mehr zu. Lieber eine kurze, leichte Ausbildung und dann richtig gut, als eine lange dauernde Ausbildung, die mir zwar meinen Traum vom Lehramt erfüllen würde, aber die ich gesundheitlich nicht packe. Ich kann für mich selber sagen, es war die richtige Entscheidung. Ich hätte es nicht gepackt, denn selbst wenn man Tabletten nimmt, dann heißt es nicht, dass der Kuchen damit gegessen ist.

SANDRA

Mein Baby war mittlerweile da und wenn ich raus musste, krallte ich mich immer am Kinderwagen fest, um nicht umzufallen. Wenn ich auf Bekannte traf, hoffte ich, dass diese nicht mit mir sprachen. Denn mich zu geben, als sei nichts, war echt anstrengend. Mein ganzes Leben war plötzlich total anders. Ich konnte kaum den Haushalt schmeißen, weil sich immer alles drehte. Wobei drehte nicht die richtige Beschreibung ist. Es war eher, als wenn dich jemand schubst.

Meine Schwiegermutter, die mit uns im Haus lebte, kümmerte sich oft liebevoll um meine Kinder, weil ich meinen Job als Mami nicht ausführen konnte. So konnte es nicht bleiben. Ich ging nochmal zum Arzt und diesmal wurde das Rad größer gedreht. Ich kürze das mal hier als Aufzählung ab. Es wurde gemacht: MRT, EEG, Neurologe, Kardiologe, Krankenhausaufenthalte, Heilpraktiker (der mir übrigens als einziger sagte, dass was mit der Schilddrüse sei, ich soll das mal prüfen lassen, aber die Ärzte sahen das nicht so) und Kinesiologe,

Psychologen. Nichts! Gar nichts! Scheinbar kerngesund. Nur blöd,

dass ich mich gar nicht so fühlte. Im Gegenteil, es kamen immer

mehr Symptome dazu.

Es gab eine ganz kuriose Situation, wo ich tatsächlich das

erste Mal an meinem Verstand zweifelte. Mein Mann und ich lagen

im Bett, es war dunkel. Ich schaute zu unserem Fernseher, der

ebenfalls im Schlafzimmer stand, aber aus war und ich sah

Lichtwellen. Ich sagte zu meinem Mann: „Der Fernseher ist kaputt,

guck mal, der sendet Wellen." Mein Mann versuchte, es zu

erkennen, aber er sah nichts. Damals dachte ich, er veräppelt mich,

das sah man doch ganz deutlich. Tja, das war wohl wieder mal

mein Hashi, das sich mit Sehstörungen bemerkbar machte, was ich

damals aber nicht wusste. Diese Sehstörungen kommen nicht vom

Auge, sondern vom Gehirn.

In der gleichen Nacht wurde ich wach, weil ich mal wieder

heftig Kreislauf hatte. So schlimm, dass mein Mann den Notarzt

holte. Außer niedrigem Blutdruck, stellte er natürlich nichts fest und empfahl mir einen Kaffee. Joa, ich sag mal so. Da kommst du dir mal so richtig blöd vor.

Irgendwann wurde mir dann empfohlen, zu einem Psychologen zu gehen. Ich hätte wohl Angststörungen. Häää??? Ich versuchte zu erklären, wenn mein Körper funktionieren würde, hätte ich auch keine Ängste, aber der Arzt meinte, es wäre genau umgekehrt. Weil ich so Angst hätte, macht der Körper Alarm. Hmmm, okay, er ist Arzt, er wird es wissen... Das zu glauben, war der schwerste Fehler meines Lebens...

Also bin ich zum Psychologen, sogar zweimal für mehrere Wochen in eine Psychosomatische Klinik, aber außer, dass die Psychologen der Meinung waren, dass meine Ehe an allem schuld sei, kam nichts raus. Auch Tabletten gegen Ängste haben bei mir nur bewirkt, dass es mir noch schlechter ging. Das war also auch nichts.

Heute ist es leider so, dass ich tatsächlich Ängste entwickelt habe, aber das ist wohl nicht verwunderlich, wenn du jahrelang rumrennst mit Symptomen und keiner weiß was los ist.

Dazu kam, dass ich immer mehr abnahm. Ich fand mich mega sexy, aber andere fanden mich viel zu dünn und meinten, ich sei Magersüchtig. Meine angeschlagene Psyche dachte da viel drüber nach und irrwitziger Weise, konnte ich mit der Zeit tatsächlich nicht mehr richtig essen. Ich redete mir meine „Magersucht" tatsächlich ein. Gott sei Dank bemerkte ich das schnell und beschloss, dass die anderen doof sind und ich nicht Magersüchtig. Denn das war ich wirklich nicht. Im Gegenteil, eigentlich aß ich sehr gern und sehr viel. Trotzdem wog ich nur noch 48 kg bei 163 cm Körpergröße. (Ui, was würde ich drum geben, wenn ich das Gewicht heute noch hätte..)

Jahre später schaute ich mir meine Blutwerte von dieser Zeit an und siehe da, eine mega Überfunktion. In der Überfunktion, braucht der Körper viel mehr Energie und das führt dazu, dass man abnimmt. Das ist nicht bei jedem der Fall, aber bei vielen. Auch die anderen Symptome ließen sich durch die damalige Überfunktion erklären. Ich kann bis heute nicht nachvollziehen, warum mein Arzt es damals nicht für nötig empfand, mich darüber zu informieren. Mein Gott, wie oft saß ich weinend vor ihm. Fragte *ihn, ob er mich auch für irre halten würde, ob ich vielleicht irgendeinen Virus aus der Türkei eingeschleppt haben könnte, was nur mit mir los sei. Aber ich bekam nur immer ein Schulterzucken und einen mitleidigen Blick. Dabei war es eigentlich offensichtlich meine Schilddrüse...*

Meine Ehe hat dieser Zeit nicht standhalten können. Die Trennung war nicht mehr aufzuhalten. Ich denke, wir haben uns beide echt Mühe gegeben, aber unsere Leben waren mittlerweile nicht mehr kompatibel.

LENA

Ich möchte noch von einem Vorfall erzählen, der noch gar nicht so lange her ist. Vielleicht vier Wochen. Es war ein Samstag, glaube ich und Janis und ich räumten die Wohnung auf. Es war so ein Komplett-Putz-Tag inklusive Fußboden wischen. Ich fühlte mich voller Tatendrang, konnte den Dreck nicht mehr sehen, wollte unbedingt etwas ändern. Man muss dazu sagen, dass es nicht in dem Sinne schmutzig war, doch ein wenig unaufgeräumt und da unser Hund momentan im Fellwechsel ist, auch voller Fell.

Nach zirka einer Stunde hatten wir schon eine ganze Menge geschafft, doch ich fand überall noch Dinge zu tun. Irgendwann meinte Janis, ich sei ja fast in einer Putzwut. Der Begriff passt sehr gut, denke ich im Nachhinein. Ich wurde immer unzufriedener, je sauberer die Wohnung wurde. Total quatsch, wenn man das so hört, und das war mir auch bewusst, doch ich konnte daran nichts ändern, es ging einfach nicht. Der Höhepunkt war dann, dass Janis mit einem Eimer Wasser in die Küche kam, und ihn auf die Arbeitsplatte stellte. Ich wusste, dass er nur einen neuen Lappen holen wollte und den Eimer dann wieder mitnehmen würde, doch in dem Moment fixte mich dieser verflixte Eimer so an, dass ich Janis angeschrien hätte, was er sich denn denke, ihn mir vor die Nase zu stellen. Er war aber gerade nicht im Raum und hatte somit Glück, dass ich nicht dazu kam, denn auch Putzen ist kraftraubend und ich wollte nicht hinter ihm her rennen. Ich war kurz davor, ihm den Eimer hinterher zu werfen. Ich denke, das einzige, was mich daran hinderte, war meine gute Erziehung.

Wir hatten also nach etwa eineinhalb Stunden alles wieder ordentlich gemacht, bis auf das Schlafzimmer (das wird von uns immer gerne auch als Abstellkammer genutzt) und ich war geladen bis oben hin. Das war absolut nicht meine Art. Mich störten jetzt auf einmal Dinge, die mich normalerweise nicht im Traum gejuckt hätten. In jeder Ecke fand ich noch etwas, das nicht perfekt war. Zum Beispiel, dass auf dem Wohnzimmertisch noch ein Topfuntersetzer vom Abendessen lag oder dass eine Fernbedienung auf dem Tisch und eine auf dem Fernsehschrank lag. Sachen, die eigentlich scheißegal sind, machten mich extrem wütend. Ich hätte in dem Augenblick alles an die Wand werfen können. So war ich normalerweise nicht.

Als Janis dann sagte, ich solle doch mal damit anfangen, die frisch gewaschene Wäsche im Schlafzimmer einzusortieren, fühlte ich mich derart kraftlos, dass ich mich weigerte. Ich weiß, dass ich nicht sehr nett zu ihm war, wie ein trotziges Kind, dass sein Zimmer nicht aufräumen möchte weigerte ich mich. Ich saß vor der Küchentür auf den Stufen zum Garten und irgendwann, während ich ihm nicht erklären konnte, weshalb ich genau das jetzt nicht tun konnte, hatte ich mein Energiepensum wohl irgendwie ausgeschöpft und ich brach in Tränen aus. Ich wollte meine Tränen vor ihm verbergen und ging zurück in die Küche, brach mir fünf Mikrogramm Thybon zurecht und nahm sie.

Er merkte, dass etwas nicht stimmte und ging mir nach. Obwohl ich ihn zuvor noch angefaucht hatte, nahm er mich in den Arm und ließ mich heulen. Ich versuchte, ihm zu erklären, dass das alles so nicht gemeint war. Immer und immer wieder entschuldigte ich mich für alles. Ich saß noch lange auf dem Küchenboden, bis meine Tränen weg waren, mein Körper wieder entspannte. Doch ich hatte das Gefühl, die Augen vor der Welt schließen zu müssen, um nicht wieder durch alles, was ich sehe in diese schreckliche Wut zu kommen.

Janis hielt mich noch immer im Arm und bot mir an, allein zu Ende zu putzen. Das Angebot nahm ich an, holte mir eine Decke, legte mich auf die Couch, machte die Augen zu und schlief. Ich fühlte mich sehr matt, denn wütend sein, und zugleich gegen diese innere Wut anzukämpfen ist unglaublich anstrengend. Man ist einfach nich man selbst und kann das auch nicht beeinflussen.

SANDRA

Die Trennung lief damals wirklich harmonisch. Trotzdem war es eine sehr stressige Zeit für mich. Allein mit 2 Kindern, Hund und der Erkrankung - das muss man erst mal stemmen. Mit einem Mal bist du für alles ganz allein zuständig. Ob Elternabende oder die Kinder irgendwo hinbringen, zu den Ärzten oder auch mit dem Kind ins Krankenhaus. Bei den meisten Dingen war ich ganz allein. Mein damaliger (Noch-) Mann zog sich gern da raus und war nur für das Notwendigste da. Stress, der meine Krankheit befeuerte.

Eine neue Beziehung schenkte mir hingegen viel Kraft. Er verstand mich, konnte sich sehr gut in mich hineinversetzen und meine Ängste waren für ihn kein Thema. Er nahm mich so, wie ich war. Ein ganz neues Lebensgefühl für mich. Ich musste mich für nichts entschuldigen oder erklären. Er war irgendwie, wie mein privater Psychologe. Und das meine ich in keinster Weise abwertend.

Ihm zuliebe hörte ich mit dem Rauchen auf. Das allein war eigentlich nicht schwer, aber ich konnte zuschauen, wie ich dicker und dicker wurde. Oh mein Gott... und das - und ich schwöre, dass es stimmt - obwohl ich nicht mehr aß als sonst auch. Fast 18 Kilo nahm ich zu, bis ich beschloss, meine Kalorienzufuhr drastisch zu senken. Das stoppte den Prozess. Was war passiert? Mein Hashi hatte sich mittlerweile, laut der Blutwerte, in die Unterfunktion entwickelt. Das verlangsamt den Stoffwechsel. Durch den Rauchstopp, verlangsamte sich dieser noch mehr und somit brauchte der Körper viel weniger Kalorien. Wenn bei Frauen normalerweise 2000 Kalorien okay sind, sind es bei mir max. 1500. Das hört sich nicht viel weniger an, aber wenn man bedenkt, dass allein ein Brötchen pro 100 Gramm ca. 300 Kalorien hat, merkt man, wie schnell man die 1500 knacken kann. Auch heute kämpfe ich noch immer mit meinem Gewicht. Ich muss mich sehr zügeln und wenn ich nicht aufpasse, habe ich gern von heute auf morgen mal ein Kilo mehr auf der Waage, das auch dableibt.

Mein größtes Problem wird aber wohl immer mein Bauch bleiben. Gern sehe ich aus, als sei ich schwanger. Sogar der

Bofrostfahrer hat mir vor ein paar Jahren zur Schwangerschaft gratuliert... Er lief ganz weiß an, als ich ihm versicherte, nicht schwanger zu sein. Irgendwie war das im Nachhinein auch lustig, aber um ehrlich zu sein, leide ich da schon drunter. Ich habe bis heute nicht die Lösung für mein Problem gefunden. Denn meine komischen Durchfälle sind ja auch noch bis heute da. Auch hier habe ich mich auf den Kopf stellen lassen. Keine Zöliakie, Morbus Crohn oder ähnliches. Keine Intoleranzen - mal wieder kerngesund!! Trotzdem sitze ich jede Woche mit Krämpfen auf der Toilette. Meine Verdauung ist sowieso etwas merkwürdig. Ich habe keine Durchfälle mehr, sondern wenn man so will, eine vermehrte Verdauung mit Krämpfen. Und es hat sich auf tagsüber verlagert, was durchaus seine Vorteile hat was das Schlafen betrifft. Lästig ist es dann, wenn man Arzttermine hat und ich muss wohl nicht betonen, dass es gerade dann sehr gerne passiert! Alles irgendwie merkwürdig. Und immer die Frage nach dem WARUM?!

LENA

Ich bin froh, dass ich Sandra hatte. Ihretwegen war ich nur ein halbes Jahr lang von allem isoliert. Unfähig zu leben. Doch auch ein halbes Jahr hinterlässt Spuren. Ich brauche viel mehr Schlaf als andere Menschen, um fit zu sein. Und ich habe große Schwierigkeiten damit, allein zu sein. Abende allein auf der Couch zu verbringen oder allein zu essen. Ich fühle mich dann sehr unwohl und irgendwie zurückversetzt in diese einsame Zeit. Genau erklären und beschreiben kann ich es nicht, doch auch nur zwei Stunden irgendwo allein zu sein, kommt mir schnell vor wie diese Einsamkeit, die ich immer verspürt habe, als ich das halbe Jahr krank zuhause war. Die Einsamkeit saß einfach zu tief in meinem Herzen.

Ich bin ein Gesellschaftsmensch – mehr denn je, denn ich habe gelernt, dass es ein wunderbares Geschenk ist, Zeit mit Menschen verbringen zu dürfen und zu können. Noch immer habe ich Tage, in denen ich in ein Loch falle. Ich bin sehr nah am Wasser gebaut und auch die Angst, schöne Stunden nicht empfinden zu können, einfach nichts zu fühlen, wenn es wunderbare Momente gibt, ist noch immer da. Zu oft war ich emotional kaputt. Nicht in der Lage, richtig zu fühlen, weil der Körper die Energie anderswo brauchte. Zu oft kratzte ich am Limit.

Gestern Abend noch habe ich mit meiner besten Freundin zusammengesessen. Sie arbeitet im Krankenhaus und ich berichte ihr immer von meinem Leben mit Hashimoto, weil ich mir wünsche, dass sie den Unterschied von Kreislauf und anderen Beschwerden zu Hashimoto bei Patienten erkennen kann. Es überraschte mich sehr, wie verwundert sie war, als ich ihr erzählte, wie sich das anfühlt, wenn ich plötzlich einen Schub bekomme.

Teilweise halbstündig wechselt der Körper von Schweißausbrüchen, Herzrasen und Zittern zu Frieren, abwesend sein und Reaktionseinschränkungen. Wenn man zum Beispiel normalerweise auf der Arbeit ein Gespräch mithört, das am anderen Ende des Raumes geführt wird, dann arbeitet man weiter, schaut vielleicht mal kurz hin und hört mit. Im Schub merkt man, dass geredet wird, sieht hin, um überhaupt ein Wort verstehen zu können und weil das aller Kraft und Konzentration bedarf, bleibt man dabei. Man starrt und hört und irgendwann starrt man dann nur noch, es kommt nichts mehr bei einem an. Es kommt vor, dass die Kollegen mich dann fragen „Hey, Lena, alles okay bei dir?" Dann wird man aus diesem seltsamen Zustand wie aus einem Traum geweckt. Ich könnte dir danach nicht mehr sagen, worum es in diesem Gespräch gegangen ist.

Generell ist bei einem Schub alles verlangsamt und anstrengend. Beim Gehen muss man sich bewusst darauf konzentrieren, die Füße anzuheben und nicht zu schlurfen, beim Sprechen muss man sich darauf konzentrieren, die Zunge zu bewegen, um nicht zu nuscheln. Man sieht alles ein wenig verzerrt, wie mit Echo im Bild. Kein schönes Gefühl... Apropos Gefühl... Man fühlt nicht mehr. Wenn jemand einen Witz reißt, kann man nicht lachen. Man denkt für sich, hey, das war lustig, fang an zu lachen, doch es passiert gar nichts. Es werden keinerlei Emotionen ausgelöst. Man ist wie gefühlstot. Das ist eigentlich das Schlimmste daran und es raubt einem die Kraft. Man ist plötzlich Zuschauer in der eigenen Welt und muss alle Kraft aufbringen, um im Rhythmus dieser Welt zu bleiben und nicht zu fallen. Man kann nur zusehen, wie der Tag an einem vorüberzieht, bevor man abends endlich die Augen schließen darf. Und was dann bleibt ist die Angst davor, dass der nächste Tag genau so werden wird.

Wie es mir heute gesundheitlich geht? Ich bin fast 21, halte mein Gewicht bei rund 57 Kilo und meine Schilddrüse hat sich so weit zerstört, dass sie fast weg ist. Ich hoffe, dass sie in den nächsten Jahren komplett verschwindet, denn ich leide sehr unter den Schüben, die auftreten, wenn sie sich zersetzt. Schon jetzt wird meine Schilddrüsenfunktion nahezu komplett von Tabletten geregelt. Ich nehme derzeit 150 Mikrogramm Euthyrox und 25 Mikrogramm Thybon. Der TSH ist lange schon nicht mehr messbar. Noch immer habe ich den Kontakt zu Schilddrüsenärztin, die so viele Kilometer weit weg praktiziert, doch mittlerweile verschreibt mir auch meinen neue Hausärztin die Tabletten.

Langsam fällt den Ärzten auf, dass eine Schilddrüse mit einem Volumen von mittlerweile nur noch drei Millilitern sehr klein ist und das nicht normal sein kann (Erinnerung: Referenzwert der Schilddrüsengröße bei erwachsenen Frauen liegt bei 15 bis 18 Millilitern) und dass sie sich im Vergleich zum Vorjahr halbiert hat. Naja... Besser spät als nie. Ich teile meiner Hausärztin mit, wenn sich meine Medikamentennahme in Absprache mit der Schilddrüsenärztin ändert, doch sie sagte schon einmal selbst, sie verstehe nicht, weshalb ich immer wieder hoch dosieren müsse. (Zumindest ist sie ehrlich zu mir) Ich habe also eine Ärztin gefunden, die mir die Möglichkeit gibt, meine Blutwerte im Auge zu behalten.

Das Argument, dass ich sowohl T4 als auch T3 in Tablettenform bekomme, funktioniert sehr gut, wenn im

Labor mal wieder nur der TSH kontrolliert wird und ich aber fT4 und fT3 haben möchte. Was ich einfach hoffe ist, dass meine Schilddrüse möglichst schnell komplett verschwindet, damit ich diese furchtbaren Schübe nicht mehr bekomme und vielleicht sehen die Hausärzte dann, dass ich eventuell ein gesundheitliches Problem mit der Schilddrüse habe (Hashimoto Thyreoiditis!!!), obwohl ich die Diagnose schon längst erhalten habe.

Trockene Haut, Haarausfall, Stimmungsschwankungen, Muskelverspannungen... All das ist seltener geworden, jedoch noch nicht gänzlich verschwunden. Ich weiß nicht, ob es das je wird, aber ich hoffe es inständig. In dem Fall, dass meine Schilddrüse irgendwann ganz weg ist, sind meine Tabletten auch offiziell lebenserhaltend, denn man darf nicht vergessen, dass die Schilddrüse ein lebenswichtiges Organ ist. Der Mensch kann ohne Blinddarm überleben, nicht allerdings ohne Schilddrüse. Es ist traurig, dass man so schnell abgewiesen wird, wenn man eine Schilddrüsenerkrankung vermutet. Bei Verdacht auf Krebs oder Diabetes wird doch auch sofort alles erdenkliche probiert. Darüber weiß auch jeder Arzt bescheid, warum das bei der Schilddrüse nicht so ist, das kann ich mir nicht erklären.

SANDRA

Mittlerweile hatte sich mein gesamter Freundeskreis von mir abgewandt. Waren sie anfangs noch besorgt und hatten Mitgefühl, drehte sich das schnell in genervt sein und Unverständnis. Ich kann das total verstehen. Was möchte man mit einer Freundin, mit der man nichts unternehmen kann, die selbst wenn man sie nur besucht, total nervös ist und eigentlich nur hofft, bald wieder allein zu sein?

Ich war nicht gern allein, aber die Symptome und deren Bekämpfung kosteten immer so viel Kraft. Ich wollte nach außen stark sein und mir nie etwas anmerken lassen. Ich glaube im Nachgang, das war ein Fehler, obwohl ich das Verhalten noch heute an den Tag lege. Erzogen ist erzogen! Ich hätte einfach zeigen sollen, wie ich mich fühle. Auf der anderen Seite, wen interessiert es wirklich, wie es einem geht? Sind so Fragen wie: „Wie geht es dir?", doch nichts als Floskeln. Ich möchte mal den erleben, der, wenn ich das frage sagt, setzt dich mal hin, ich erzähle dir mal wie es mir geht. Ich glaube, für einen Nichtbetroffenen ist es sehr schwer, dass nachzuvollziehen oder das zu verstehen. Damals wusste ich ja noch nichts von der Erkrankung, folglich konnte ich es auch nicht erklären.

Es ist schon echt hart, Freundinnen, die man schon sein ganzes Leben lang kennt, mit denen man einiges angestellt hat, mit einem Schlag zu verlieren. Die sich plötzlich nicht mehr melden und die es einen Scheiß interessiert, wie es dir geht. Nachvollziehbar, aber hart. Auch heute habe ich keine wirkliche Freundin mehr. Ein paar Bekannte, aber Freunde... Fehlanzeige. Meine Familie ist alles was ich noch habe und das sind sowieso die wichtigsten Personen in meinem Leben. Irgendwann fängt man an, sich damit zu arrangieren. Geht ja auch nicht anders. Die Symptome sagen ja nicht: Hey, du bist gerade unglücklich, du hast nichts mehr in diesem Leben? Keine Freunde und kein soziales Leben? Du kannst nicht mehr einkaufen oder gar feiern gehen? Kein Problem, ich ziehe mich mal zurück... Nein, so läuft das leider nicht. Im Gegenteil, immer wenn ich dachte, jetzt weiß ich, wie rum der Hase läuft, kommt was Neues dazu.

So zogen die Jahre ins Land und es kam eine Zeit, wo ich nicht mehr wusste, wie es weitergehen soll. Ich war emotional am absoluten Tiefpunkt angelangt. Meine Symptome fraßen mich auf.

Ich erinnere mich noch gut, dass ich aufgrund starker Blutungen operiert werden musste. Eine relativ harmlose OP. Trotzdem schaffte ich es kaum aus dem Bett. Mein Mann, damals noch mein Freund, hakte mich immer unter und lief mit mir den Krankenhausflur auf und ab, damit ich etwas auf die Beine kam. Ich dachte jedes Mal, ich müsse sterben oder ich werde hier mindestens mitten auf dem Flur ohnmächtig. Diese Gangunsicherheit und dieser Pudding in den Beinen. Ich heulte ihm jedes Mal die Ohren zu, dass ich so eine Angst hätte, entlassen zu werden, weil ich nicht wusste, wie ich es zum Auto schaffen sollte. Er war wie immer großartig und mir eine riesen Stütze. Er versicherte mir, dass wir das gemeinsam schon schaffen. Tatsächlich war des Rätsels Lösung, dass er mich mit dem Rollstuhl zum Auto fuhr. Das war die längste Rückfahrt meines Lebens, so schlecht fühlte ich mich. Was für ein beschissenes Leben!

Eines Tages schaute ich, wie immer, TV und da saß eine Journalistin und erzählte von ihrem Leben mit Hashimoto. Vanessa Blumhagen war meine Rettung. Alles was sie erzählte, kam mir bekannt vor, ja, eigentlich sprach sie von mir. Ich war total aufgeregt, rannte sofort ins Büro und kramte nach meinen Arztberichten. Ich schaute auf meine Blutwerte und erschrak. Vor 16 Jahren schon war ich beim Nuklearmediziner. Der hatte eine vergrößerte Schilddrüse festgestellt - genannt Struma Nodosa. Nodosa, da kleine Knoten drin waren. Sie erschien auf dem Ultraschall echoarm, was definitiv ein Zeichen von Hashimoto war. Dieses alles entscheidende Wort stand allerdings nicht im Abschlussbericht. Für mich der größte Fehler der Ärzte überhaupt. Meine Schilddrüse war dreimal so groß wie normal. Meine Antikörper auf Hashimoto waren positiv, allerdings mein TSH mit 2,9 total in der Norm. Und hier lag wohl der Hase im Pfeffer. Die Normwerte sind von den Laboren weit gefasst. Man hat aber schon lange erkannt, dass ein TSH über 2,0 nicht normal ist und wenn man Symptome hat, sollte man da auch behandeln. Dieses Wissen ist aber noch nicht zu allen Ärzten durchgedrungen. Auch kommt *es vor, dass der Regelkreis der Schilddrüse nicht korrekt arbeitet, dir ein toller TSH angezeigt wird, aber deine freien Werte, die die tatsächliche Hormonlage spiegeln, sehr schlecht sind. Da die freien Werte nur bei auffälligem TSH gemacht werden, wenn überhaupt, dürften wohl viele mit einer unerkannten Unterfunktion rumlaufen. Schließlich haben sie ja einen wunderbaren TSH. Nur mal so als Information: Der TSH ist ein reiner Signalgeber der Hypophyse. Er sagt nichts darüber aus, wie die Hormonlage wirklich ist. Vor allem nicht, wenn man schon Tabletten nimmt. Da kann der auch gerne mal supprimieren, ohne dass eine wirkliche Überfunktion besteht.*

Allein wegen des TSHs wurde ich nicht behandelt, mir wurde nicht mal gesagt, dass ich Hashi hatte!!! Ich kramte weiter und schaute mir die ganz alten Unterlagen an und man konnte sehen, wie ich von der Überfunktion in die Unterfunktion gerutscht war. Total klassisch und eigentlich lehrbuchgerecht. Für mich bedeutete das also, ich hatte diese Erkrankung 18 Jahre lang und niemand hielt es für nötig, da mal genauer hinzuschauen. Stattdessen wurde ich als Psycho abgestempelt und in

112

psychosomatische Kliniken gebracht oder gar zum Psychologen. Wen wundert es eigentlich, dass das keinen Erfolg brachte? (Naja, gut, dem Psychologen brachte es schon Erfolg, der hatte etwas mehr Geld in der Tasche. Aber der konnte wohl am allerwenigsten etwas dafür.) Und trotzdem hielt es keiner für nötig, mich zu informieren? Das verunsicherte mich und ich holte mir einen Termin bei der Nuklearmedizinerin. Sie schallte meine Schilddrüse und schaute sich meine Werte an. Sie war die erste, die aussprach, dass ich eine Autoimmunerkrankung Namens Hashimoto hätte.

Mein Vater, der vor der Praxis im Auto wartete, schaute mich total entgeistert an, als ich mich ihm schluchzend in die Arme warf. Endlich hatte das Kind einen Namen. Das muss man sich mal vorstellen, da war ich glücklich, eine Autoimmunerkrankung zu haben. Denn das bedeutete, keine Einbildung meinerseits. Die Symptome waren echt.

Ich war endlich kein Psycho mehr! Mit dem Bericht in der Hand, ging ich zu meiner Hausärztin.

LENA

Immer wieder steht in Fachzeitschriften wie sie beim Arzt oder in der Apotheke ausliegen, wie wichtig es ist, frühzeitig die Schilddrüse zu kontrollieren, um mögliche Erkrankungen zu erkennen. Auch in der Zeitung stand diese Woche ein Artikel, in dem stand, dass ein unerfüllter Kinderwunsch häufig von einer kranken oder falsch eingestellten Schilddrüse kommt. Allerdings stand im selben Artikel, dass eine Schilddrüsenfehlfunktion – welcher Art auch immer – sehr leicht zu erkennen sei, aufgrund der Symptome und Blutwerte. Abgeschlagenheit, Frieren und Haarausfall als deutliche Symptome? Das sind doch keine eindeutigen Indizien...

Machen wir uns nichts vor: Eine Schilddrüsenkrankheit zu erkennen, ist eben doch nicht immer so einfach. Schließlich nennt man Hashimoto nicht umsonst den Clown der Krankheiten. Wer denkt denn bei

Abgeschlagenheit oder Haarausfall an die Schilddrüse? Ich finde einfach nur traurig, dass dann in einem solchen Artikel auch noch der Rat gegeben wird, den TSH messen zu lassen. Der ist ja schön und gut, aber wichtig ist doch nicht in erster Linie, was der Schilddrüse gesagt wird, dass sie tun soll, sondern ob sie tatsächlich genug Hormone produziert. Oder? Wieso ist die Welt so versteift auf den TSH? Nur weil der kostengünstig ist? Ist es nicht ein Armutszeugnis, dass unsere Gesundheit letzten Endes abhängig ist vom Budget der Ärzte?

Ich verspüre jedes Mal, wenn ich einen solchen Artikel lese eine riesige Wut im Bauch. Ich möchte nicht behaupten, dass ich es besser weiß, aber ich weiß, dass diese tollen Ratgeber-Texte einfach oft nur die Hälfte sagen. Es wäre so schön, wenn man mit einem einzigen Wert sehen könnte, ob ein Organismus funktioniert. Aber so ist es nun mal nicht. Es reicht einfach nicht, sich den Anfang der Hormonkette anzusehen, man muss sich mehr anschauen. Das ist ein Schubladendenken. Ist der TSH in der Norm, dann kannst du nur gesund sein. Wenn dann noch keine Antikörper im Blut sind, ist klar, dass du nichts hast. Das ist oberflächlich! Auch, wenn sich jeder Arzt vor den Kopf gestoßen fühlt, wenn man dann darauf beharrt, dass da doch etwas Körperliches ist, das nicht stimmt: Man muss seinem Gefühl trauen. Man kennt den eigenen Körper immer am besten. Eine Freundin sagte mal, der beste Arzt ist immer der Patient selbst. Und damit hat sie recht!

Ich spinne mal ein Gedankenexperiment: Angenommen, ich hätte den Rat der Ärzte angenommen, dann hätte ich keine Medikamente bekommen. Meine Schilddrüse hätte sich weiter zerstört und ich in der Folge immer länger geschlafen. Nicht mehr nur 14 oder 17 Stunden am Tag, sondern irgendwann 20 oder 24.

Durch das fehlende T3 wären meine depressiven Phasen ausgeprägter und intensiver geworden. Ich hätte sämtliches emotionales Sein verloren, da das allein durch Hormone gesteuert wird. Man hätte es vielleicht Depression, gespaltene Persönlichkeit oder Burn Out genannt und danach behandelt. Mit Tabletten, die vermutlich mehr geschadet als geholfen hätten. Bis jemand gemerkt hätte dass es daran nicht liegt, wäre vermutlich nicht mehr so viel von mir übrig gewesen. Ganz realistisch, ich hätte mir noch ein dreiviertel Jahr gegeben. Vielleicht ein ganzes. Wenn ich sehe, wie es jetzt um meine Schilddrüse steht... Ohne die richtigen Tabletten keine Chance.

Ich glaube nicht, dass man etwas bemerkt hätte. Ich habe keine Antikörper im Blut und mein TSH war auch immer okay... Die freien Werte fT4 und fT3 würden nicht mitgemacht, weil zu teuer oder würden nicht korrekt ausgelesen, da auch diese bei mir immer in der Norm waren. Es hätte dann jemanden geben müssen, der gezielt auf Hashimoto untersucht und die Ergebnisse von Ultraschall etc. auswerten kann.

Da allerdings in meinen neunzehn Jahren vor dem Kollaps der Schilddrüse und auch danach außer der

Schilddrüsenärztin niemand etwas davon gemerkt hat, nehme ich mal an, hätte das in dem dreiviertel Jahr auch niemand. Ich hätte nicht die richtigen Medikamente bekommen und man vergiss nicht: Die Schilddrüse ist ein lebenswichtiges Organ. Den Ausgang des Gedankenexperimentes kann sich ja wohl jeder denken... Ein Leben ohne Leber oder Lunge ist ja auch nicht möglich...

Allein schon jetzt, während ich das hier schreibe, bekomme ich wieder so eine Wut, dass mir ganz kribbelig ist. Ich verstehe einfach nicht, wie man so wenig darüber aufklären kann. Dass man die Patienten einfach zum Psychiater überweist, oder mit dem TSH abspeist. Ich kenne Leute, die L-Thyroxin nehmen, die sich mit einer Menge von unter 100 Mikrogramm zufriedengeben, weil der Arzt nicht steigern möchte (Das ist ja auch schon viel zu viel), aber trotzdem über Unwohlsein klagen.

Schon in der Packungsbeilage des Medikamentes steht, dass bis 100 Mikrogramm der Bereich der Einstellung ist. Die

Erhaltungsdosis liegt zwischen 100 und 200 Mikrogramm. In meiner aktuellen Packungsbeilage (ich lese wirklich jede) steht sogar fettgedruckt, dass die Blutwerte **häufig** kontrolliert werden **müssen.** Wenn dann Menschen einmal im Jahr Blutwerte machen, sich beklagen, dass sie so platt sind und mit einer Dosis von 75 Mikrogramm L-Thyroxin „eingestellt" sind, dann wundere ich mich nicht. Ich glaube, diese Packungsbeilage haben nicht mal die Ärzte oder Krankenkassen gelesen...

Und es ist ja kein Hexenwerk. Ich tippe ein Wort in Google ein: Hashimoto. Ich habe unglaublich viele Ergebnisse, in denen immer das gleiche steht: TSH reicht für die Diagnostik nicht aus, eine Auflistung der Symptome, die Einstellung der Medikamente kann Jahre dauern, man muss häufig nachdosieren... Wenn ich dann nach den neuesten Ergebnissen im Bereich der Forschung suche, auf Seiten von Fachärzten und Praxen, dann wird neben dem gerade aufgeführten zusätzlich überall genannt, dass die fT3 und fT4

Werte zusammenpassen müssen und die TSH Referenzwerte werden drastisch nach unten korrigiert.

Das ist ja auch klar. Warum wird bei einer Frau, die Kinder bekommen möchte, der TSH gesenkt, bei einer Frau, die einfach nur Beschwerden hat, nicht? Kann das richtig sein, dass ein Körper, der nicht in der Lage ist, sich fortzupflanzen, erst dann Aufmerksamkeit bekommt, wenn der Kinderwunsch besteht? Meiner Meinung nach nicht. Doch mir wurde es damals so ins Gesicht gesagt: „Würden Sie jetzt Kinder bekommen wollen, würden wir natürlich Schilddrüsentabletten verschreiben, um den TSH auf einen Wert unter eins zu senken. Besteht der Wunsch nicht, muss bei 3,33 auch nicht behandelt werden." Tolle Einstellung! Wirklich...

SANDRA

Meine Hausärztin lächelte mich mitleidig an und meinte,
ich hätte doch kein Hashimoto. Mir fiel alles aus dem Gesicht. Das
konnte doch nicht wahr sein, wie konnte sie sowas sagen? Ich war
enttäuscht und auch mega sauer, aber vor allem wieder total
verunsichert. Wenn ich jemandem vertraute, dann ihr. Sie war
immer sehr gründlich mit allem, nur meine Schilddrüse, die bekam
wenig Beachtung. Auf eigene Faust organisierte ich einen Termin
beim Endokrinologen. Nach langen drei Wochen Wartezeit durfte
ich endlich hin. Mittlerweile hatten sich meine Symptome extrem
verschlechtert. Ich würde sogar sagen, ich war an einem Punkt
angelangt, wo ich ernsthaft darüber nachdachte, ob ich dieses Leben
noch leben will. Was soll das denn bitte für ein Leben sein, nicht
nur alles mit einer gesteigerten Angst zu machen, sondern nicht
mehr in der Lage zu sein, sich einigermaßen aufrecht durchs Leben
zu ziehen. Ich konnte mich kaum auf den Beinen halten, so sehr litt
ich unter meinen „Kreislaufproblemen". Doch so schnell wie der

Gedanke kam, so schnell schob ich ihn auch wieder an die Seite, denn eigentlich lebte ich ganz gerne. Nur eben nicht so!

Mein Mann setzte mich direkt vor der Praxis ab, um nach einem Parkplatz zu suchen. Ich weiß noch, wie ich dachte, ich lieg hier gleich lang auf dem Bürgersteig. Ich war total wackelig auf den Beinen, hatte heftigste Sehstörungen und meine Angst, vielleicht doch gleich ohnmächtig zu werden, hat dann auch noch kräftig gewunken.

Im Sprechzimmer angekommen, schob ich meinen ganzen Rumsch an Unterlagen dem Arzt hin und fing an, meine Symptome aufzuzählen. Gerne möchte ich dich auch daran teilhaben lassen, vielleicht erkennst du dich ja wieder?!

Immer:

Morgens steife Gelenke

Verdauungsstörungen (Durchfall, Verstopfung und Blähungen)

Ohrgeräusche

Trockene Haut

Hitze- / Kälteempfindlichkeit

Schlafstörungen

Sehstörungen (Flecken/Flimmern)

Nah am Wasser gebaut

Fett an Bauch und Hüfte

Geschwollene Augen, meist morgens

Kreislaufprobleme / Wetterfühlig

Zittern unter Stress oder Druck

Null Stressresistenz

Öfter:

Nachtschweiß

Heiße Handinnenflächen wie Nadelspitzen / Kribbeln

Reizbar

Antriebsarm, um nicht zu sagen faul

Übelkeit

Wirbelblockaden

Gedächtnisstörungen

Innerliches zittern

Verstärkte Ängste

Extreme Anspannung

Zitterattacken

Ekzeme um die Augen

Fokussionsschwierigkeiten

Schwindelattacken

Gangunsicherheit

Ab und an:

Viermal Lagerungsschwindel in zwei Jahren

Restless legs and arms

Brennen der Zunge

Neue Allergien

Unruhe

Kribbeln (Arme und Beine)

Verspannte Muskeln im oberen Rücken

Herzstolpern

Zyklusstörungen

Tja, wenn man das so liest, ist das eine ganz schöne Menge an Symptomen und das waren nur die heftigsten, die Liste könnte noch einiges länger sein. Es verwundert keinen, dass es für Ärzte schwer sein kann, da einen Zusammenhang zu erkennen. Deshalb mache ich meiner Hausärztin auch nicht unbedingt einen Vorwurf. Dass ich aber belächelt werde, obwohl ich mit einer Diagnose vom Facharzt komme, ist schwer zu schlucken. Ich schweife ab…

Der ältere Herr, der mir gegenüber saß, schaute meine Unterlagen an, blickte mich an und fragte: „Warum werden sie nicht schon seit 2006 behandelt? 2006 war das Jahr, in dem ich das erste mal, wie schon erwähnt, beim Nuklearmediziner war. Der Bericht ging damals an meine Hausärztin, die dann über die Behandlung entscheiden sollte. Im Bericht stand, dass man es erst mit Selen versuchen könnte, aber BEI BESCHWERDEN MIT L-THYROXIN beginnen sollte. AHA! Jetzt fragte wohl der Endokrinologe zurecht, warum ich keine Tabletten bekam, aber ich vertraute ja damals meiner Ärztin.

Mir fiel die Kinnlade herunter und ich spürte, wie sich Tränen an meinen Wangen den Weg bahnten. Er erklärte mir die Befunde und schlug vor, es mit 25 mg Euthyrox, einem Schilddrüsenmedikament, zu versuchen. Er erklärte mir auch, dass ich Geduld brauche, weil die Einstellung leider nicht von heute auf morgen passiert. Das war mir egal, Hauptsache es passierte überhaupt etwas. Meine Hoffnung auf ein Leben wuchs wieder, gerade zur rechten Zeit!

Von nun an beschloss ich, mein Leben selbst in die Hand zu nehmen. Ich wollte mich schlau machen, mich informieren. Keiner *sollte mir je wieder etwas vormachen können. Jedes Buch über*

Schilddrüsenerkrankungen wurde gekauft und verschlungen.

Fachbegriffe las ich im Netz nach und recht schnell begriff ich die

Zusammenhänge. Ich trat einer Selbsthilfegruppe bei und dort

fühlte ich mich zum ersten Mal verstanden. Sie waren auch

diejenigen, die mich wieder etwas in meiner Euphorie bremsten. Ich

erfuhr, dass mit den Tabletten nicht unbedingt wieder alles so wird

wie früher, dass es viele gibt, die sich damit wieder super fühlen,

aber genauso viele gibt, die weiter leiden. Davon mehr als die

Hälfte, weil die Ärzte nach TSH einstellen. Leider musste ich diese

Erfahrung auch machen. Dank Budget kämpfte ich jedes Mal

darum bitte fT3 und fT4 machen zu dürfen. Obwohl ich anbot, es

selber zu bezahlen, wurde es mir oft verweigert. Ich hüpfte von

Arzt zu Arzt in der Hoffnung, dass diese sich mit der Schilddrüse

auskennen. Aber sobald ich hörte, TSH, TSH, TSH... war der Arzt

für mich gestorben. Ich verstehe natürlich das Dilemma des

Regresses, aber ich hatte schon so viele Jahre meines Lebens

verschenkt, sorry, dass ich darauf keine Rücksicht nehmen wollte.

Tatsächlich frage ich mich oft, warum Hashimoto, was ja eine

Autoimmunerkrankung ist, nicht richtig ernst genommen wird. Für Diabetes gibt es sogar oft eigene Praxen, oder für Rheuma. Nur bei Hashi wird man mit einer Tablette abgespeist, wenn überhaupt.

Ich rief also meinen Heilpraktiker an und erklärte das Drama. Ich fragte, ob ich wohl immer zu ihm kommen könnte. Da das überhaupt kein Problem für die Praxis war, gehe ich seitdem dorthin und tue es noch heute. Vielen Dank übrigens dafür, meine Retter!

Ich merkte recht schnell, dass mir die Tabletten gut taten, aber bis heute bin ich weit entfernt von Wohlbefinden. Ich recherchierte wieder und fand heraus, dass man die Werte nicht nur in der Norm haben muss, sondern das Verhältnis der freien Werte zueinander das A und O ist. Außerdem sollten gerade bei Hashianern die Werte mindestens im oberen Drittel der Norm sein. Meine Werte standen ganz schlecht in Relation, also bat ich meinen Arzt um Thybon, ein T3 Medikament. Davon versprach ich mir mehr gutes Befinden. Tatsächlich ging es eine Zeit gut, aber so wirklich super... nee, da kam ich nicht dran. Meine

„Kreislaufprobleme" blieben hartnäckig. Ich fing an zu verzweifeln, verdammte Axt, warum klappte das alles nicht? Ich schrieb zutiefst traurig und verzweifelt in meine Gruppe. Diese rieten mir, eine sehr bekannte Ärztin anzuschreiben. Ich kannte sie, da ich schon ein Buch von ihr gelesen hatte. Also schrieb ich die verzweifelste Mail an sie, die ich je geschrieben habe. Noch am gleichen Abend klingelte mein Telefon und sie war dran. SIE WAR DRAN! Ui, war ich ehrfürchtig. Die Autorin und Privatärztin rief MICH an. Krass…

Seitdem ist sie meine behandelnde Ärztin. Meine Hausärztin hat damit auch kein Problem, im Gegenteil, mittlerweile unterstützt sie mich sogar. Sie schreibt mir die Rezepte und macht den Ultraschall. Ich glaube heute, dass meine Hausärztin sich damals nicht vorstellen konnte, dass Hashimoto solche Probleme machen kann, da sie wohl selbst Betroffene ist und keine Probleme hat. Nach mir und meinem Kampf, hatte meine Schwester es bei ihr einfacher. Ich würde sagen, dann hat sich mein Kampf gelohnt. Wobei man nicht vergessen darf, dass das Budget immer eine Rolle spielen wird.

Durch meine Selbsthilfegruppe wurde ich auf NDT aufmerksam und ich beschloss, es mal damit zu probieren. NDT ist ein natürliches Schilddrüsenextrakt vom Schwein. Dieses kann man in speziellen Apotheken, in verschiedenen Stärken, auf Privatkosten und auf Rezept mischen lassen. Diese haben den Vorteil, dass nicht nur T3 und T4 enthalten ist, sondern auch die Hormone T1, T2 und Calcitonin. Es ist also der menschlichen Schilddrüse sehr ähnlich. Es soll etwas sanfter wirken und ich finde, das tat es auch. Ich würde heute noch NDT nehmen, aber leider ist das sehr kostspielig. Für mich waren es Kosten von monatlich 200 Euro und das ging irgendwann nicht mehr. Also bin ich wieder zurück zu L-Thyroxin und Thybon.

Mittlerweile glaube ich für mich, dass ich nie wieder 100 Prozent Wohlgefühl erlangen werde. Aber ich kann sagen, dass sich für mich die Symptome so verbessert haben, dass ich wieder etwas mehr leben kann. Meine Schilddrüse ist nicht mehr so aufgepustet und hat sich von 19 ml auf der rechten Seite, auf 4,4 ml verkleinert. Links natürlich ebenso. Wenn ich jetzt sage, ich habe einen dicken Hals, hat es wohl andere Gründe.

Meine Ängste haben sich verbessert, klopfen aber noch viel zu oft an. Aber es war mir zum Beispiel nach 12 Jahren mal wieder möglich, in den Urlaub fahren. Klar bin ich gefühlt vor Angst fast gestorben, aber heute fällt es mir leichter und ich genieße diese Freiheit sehr.

Woran ich noch arbeiten muss sind Teilnahmen an Feierlichkeiten, Restaurantbesuche, Kino, ja sogar Besuch zu Hause. Wenn Leute mich beobachten können, fühle ich mich extrem unwohl, oft soweit, dass meine „Kreislaufprobleme" sich wieder sehr stark zeigen. Das ist was, das mir Angst macht, was ich unter allen Umständen vermeiden möchte. Oft, wenn ich über meinen Schatten springen möchte, meldet sich mein Darm und tackert mich dann auf dem Klo fest. Es ist wohl so, dass diese Angst mich mein restliches Leben begleiten wird. Ich habe häufig versucht, sie loszuwerden, aber alles hat nichts gebracht. Meine Schwester meinte, ich könnte es ja nochmal mit Hypnose versuchen, aber wie soll ich ihr erklären, dass die Angst vor dem Nichtgelingen und der Enttäuschung zu groß ist? Ich habe mein Leben meiner Angst angepasst und meistens ist es für mich auch soweit okay. Symptome machen mir nunmal Angst, das ist eben so.

Aber leider dreht sich die Welt nicht nur um mich. Es gibt so viele Stationen im Leben, wo ich gern gesund wäre. Ich denke da an die Einschulung meiner Tochter, die ich nicht erleben konnte. Oder wenn meine Kinder heiraten... werde ich teilnehmen können? Ich hoffe es so und weiß doch, dass es eine sehr große Herausforderung sein wird. Am meisten ärgert es mich, dass das alles hätte vermieden werden können, wenn mein damaliger Hausarzt meine Schilddrüsenproblematik erkannt hätte. Dann wäre ich behandelt worden und Ängste hätten sich gar nicht erst breit machen können. Aufgrund vieler, vieler Jahre Unterfunktion, wird mein Körper nie wieder gut arbeiten. Das macht mich traurig. Umso wütender werde ich, wenn ich Blutwerte von der Familie oder von Bekannten sehe, da eine Unterfunktion erkenne und denen nicht vom Arzt geholfen wird (TSH ist ja super, hust!) im Gegenteil, denen gesagt wird, dass alles okay wäre.

Was ich aber auch erlebe ist, dass Bekannte mit Unterfunktion vor mir stehen und mir erzählen, dass es ihnen gut geht. Doch wenn man mal genau hinhört, sie Gewichtsprobleme haben, Haarausfall oder sonstige Symptome, die typisch sind. Es ist ja dann offensichtlich, dass es ihnen nicht gut geht. Im schlimmsten Fall gesellen sich noch andere Autoimmunerkrankungen wie Diabetes Typ 2 oder Zöliaki dazu. Ich sage dann aber mittlerweile nichts mehr dazu, denn die meisten möchten keine Hilfe, vertrauen auf ihren Arzt, was man ja eigentlich auch sollte... Dann dränge ich mich auch nicht auf. Viel zu oft schon habe ich es probiert. Ich finde es nur extrem schade, denn zugucken zu müssen, wie krank einige werden, tut weh. Ich vertraue in Punkto Schilddrüse auf jeden Fall hauptsächlich mir.

In meinem Bekanntenkreis ist jemand, der schon jahrelang eine unbehandelte Schilddrüsenunterfunktion, wenn nicht sogar Hashimoto hat. Im Laufe der Jahre kamen Alopecie, Herz-Rhythmus-Störungen, Zöliakie und Probleme mit der Leber und Lunge dazu... Oder meine Schwiegermutter, die dank TSH - Einstellung immer mehr an Gewicht verliert (ja, das gibt es auch) und keiner was tut. Die Ärzte stellten sie auf den Kopf und fanden bis heute nicht den Grund für ihre Abnahme. Wie auch, wenn die Schilddrüse mehr schlecht als recht eingestellt ist und die der Übeltäter ist. Mir fällt es schwer, da zuzugucken, wider besseren Wissens. Aber letzendes ist jeder für sein Leben selber verantwortlich. Mehr als anbieten kann ich meine Hilfe nicht, die Entscheidung dafür liegt bei den betroffenen Personen selbst.

Wie mein Leben in Zukunft aussehen wird, weiß ich nicht. Ich denke, ich werde weiter jeden Tag gegen meine Ängste kämpfen, da ich wohl nie symptomfrei werden werde. Zumal – danke liebes Alter – sich jetzt auch noch die Wechseljahre samt Beschwerden dazugesellt haben. Wie soll ich jetzt noch auseinanderhalten, was woher kommt? Meine Symptomliste ist nicht viel kürzer geworden, aber die Intensität ist deutlich schwächer. Und das ist schon ein großes Plus. Letzten Endes behandle ich ja bisher auch nur meine Schilddrüse und nicht die Autoimmunerkrankung. Die steht aber als nächstes auf meiner to-do Liste. Schließlich ist Hashimoto keine Schilddrüsenerkrankung, sondern eine Erkrankung des Immunsystems. Bis ich jemanden finde, der diesen Weg in meinem

Sinne mit mir gehen kann und will, vergeht sicher noch einige Zeit.

Aber die Hoffnung stirbt ja bekanntlich zuletzt.

Trotzdem ist es für mich jetzt ein Leben, das lebenswert ist und ich bin dankbar, dass es Tabletten gibt, die meine Schilddrüse unterstützen. Wer weiß, wo ich sonst gelandet wäre. Den Rest der Symptome, nun ja, jeder hat so sein Päckchen zu tragen. Es ist soweit meistens okay.

Durch diese ganzen Einschränkungen und Erfahrungen bin ich nicht mehr die Sandra, die ich mal war. Ich bin dankbarer und genieße auch Kleinigkeiten. Ich finde das durchaus positiv und streng genommen muss ich zumindest dafür, meiner Erkrankung dankbar sein. Aber auch NUR dafür!

Was mir Halt und Kraft gibt, ist meine wunderbare Familie, die sich nie über mein Handicap beschwert hat, sondern unterstützend zu Seite standen und stehen, wann immer ich sie brauche und auch wenn nicht. Danke an euch alle, ihr seid die Besten und ich bin froh, dass ich euch habe. Und danke Lena, dass du mir die Möglichkeit gegeben hast, hier meine Geschichte zu erzählen.

LENA

Ich arbeitete während dieser Zeit, und auch heute noch, ehrenamtlich in der Gemeinde. Was sich vermutlich jeder Mensch in einer solchen Situation fragt, ist die Frage nach dem Warum. Warum ich? Warum jetzt? Die Theodizee Frage: Wenn es einen Gott gibt – warum lässt er dieses Leid zu? Ich hatte viel Zeit, darüber nachzudenken und ich habe für mich selbst eine Antwort darauf gefunden. Warum ich? - Weil er weiß, dass ich es schaffe. Weil er weiß, dass ich es durchstehe. Und wenn seine einzige Absicht darin lag, dass ich am Ende dieses Buch schreibe, dass es irgendjemand liest, dem es vielleicht genau jetzt hilft, irgendetwas zu verstehen oder jemandem Kraft gibt, dann war es nicht umsonst. So habe ich mir immer Mut gemacht, genau mit diesem Gedanken – Diese ganze Scheiße passiert genau mir, weil er weiß, dass ich das schaffen werde. Weil er mich liebt und an mich glaubt, auch in Zeiten, in denen es kein anderer tut.

Und wenn er so sicher weiß, dass ich es schaffe, wie könnte ich dann das Gegenteil behaupten? Ich habe es bis hierhin geschafft, dann schaffe ich es auch noch weiter. Mit seiner Hilfe und meinem Glauben.

HASHIMOTO

Du fühlst dich müde?

Matt und antriebslos?

Schläfst mitten am Tag einfach ein?

Zehn Stunden Schlaf sind das mindeste, was du bracuhst,

um auch nur annähernd fit zu sein?

Hashimoto!

Du hast Haarausfall oder trockene Haut?

Hashimoto!

Was wird dir diagnostiziert?

Angstzustände?

Psychosen?

Essstörungen?

Kreislaufschwäche?

Hashimoto!

Du hast Diabetes?

Herz-Rhythmus-Störungen?

Kribbelnde Gliedmaßen?

Anzeichen für Nährstoffmangel?

Unkontrollierte Hormonausschüttungen?

Hashimoto!

Du wirst nicht für voll genommen,

wanderst von einer Krankschreibung zur nächsten?

Man bestätigt dir Burn Out oder Depressionen?

Je nach dem, was der Arzt sich gerade anschaut?

Hashimoto!

Dein Kreislauf spielt verrückt?

Du hast Seh- und Konzentrationsstörungen?

Bewusstseinsaussetzer?

Fühlst dich, wie in Watte gepackt?

Hashimoto!

Du hast Darmprobleme?

Hängst ständig auf dem Klo?

Verträgst Lebensmittel nicht mehr?

Hashimoto!

Brüchige Fingernägel?

Kalte Hände und Füße?

Schmerzende Gliedmaßen?

Hashimoto!

Du fühlst dich alt, kannst den Alltag nicht mehr meistern,

weil dein Körper dir nicht mehr gehorcht?

Hashimoto!

Fehlgeburten?

Zyklusstörungen?

Keine Lust mehr auf Sex?

Hormonstörungen?

Hashimoto !

Nervosität?

Zittern?

Herzrasen?

Schweißausbrüche?

Hashimoto!

All das in kürzester Zeit?

Du verlierst Freunde, denn sie denken,

dass du simulierst...

Sie hören dir nicht zu, wenn du erzählst, wie schlecht es dir

geht.

Sie können sich nicht vorstellen, dass der Körper plötzlich

aufgibt,

schließlich bist du noch jung.

Niemand außer dir versteht, was dieser Begriff bedeutet...

HASHIMOTO.

Zeitfracht Medien GmbH
Ferdinand-Jühlke-Straße 7
99095 Erfurt, Deutschland
produktsicherheit@kolibri360.de